AF231945

DES DONATIONS ENTRE ÉPOUX

DANS LE DROIT ROMAIN

DE LA QUOTITÉ DISPONIBLE ENTRE ÉPOUX

D'APRÈS LE DROIT FRANÇAIS.

PAR

Charles BONNET

PARIS

F. PICHON, IMPRIMEUR-LIBRAIRE,

14, RUE CUJAS, ET 7, RUE VICTOR-COUSIN.

—

1876

THÈSE

POUR LE DOCTORAT

DES DONATIONS ENTRE ÉPOUX

DANS LE DROIT ROMAIN

DE LA QUOTITÉ DISPONIBLE ENTRE ÉPOUX

D'APRÈS LE DROIT FRANÇAIS.

THÈSE POUR LE DOCTORAT

PAR

CHARLES BONNET

L'acte public sur les matières ci-après sera soutenu le
jeudi 6 juillet 1876, à 1 heure et demie.

PRÉSIDENT : M. DUVERGER,

SUFFRAGANTS : MM. BUFNOIR, GIDE, LEVEILLÉ,) PROFESSEURS.

DESJARDINS, GLASSON.) AGRÉGÉS.

PARIS

F. PICHON, IMPRIMEUR-LIBRAIRE,
14, RUE CUJAS, ET 7, RUE VICTOR-COUSIN.

1876

A LA MÉMOIRE DE MON PÈRE

A MA MÈRE

INTRODUCTION.

---

1. L'étude des différentes époques du droit Romain et du droit Français montre que de tous temps un règlement d'intérêts pécuniaires a précédé le mariage. De telles conventions, souvent utiles pour assurer les ressources de la nouvelle société, souffrent en pratique moins de difficultés et sont sujettes à moins de variations législatives, que les traités intervenus dans la suite entre les époux. C'est qu'au moment où ils les approuvent, les futurs époux sont encore indépendants l'un de l'autre, et les parents de chacun d'eux, ne voyant dans la nouvelle union qu'une continuation de leur propre famille, y réunissent de bon gré leurs intérêts.

Au contraire il ne s'offre guère au législateur de problème plus compliqué que celui des Contrats entre époux, et principalement des Donations. Ce sont, comme nous le verrons, les considérations les plus opposées qu'il faut savoir combiner selon leur importance. Ainsi l'attachement mutuel des époux et la crainte des abus d'influence de l'un d'eux seront des éléments tour à tour prépondérants suivant les temps et suivant les pays. On comprend que des lois relatives à un pareil sujet soient très-sensibles aux modifications qui se produisent dans les mœurs, et on ne s'étonne pas de rencontrer une grande diversité dans les systèmes législatifs qui se sont succédé sur la matière.

Un principe s'impose tout d'abord à notre attention, c'est celui de la liberté de disposer, conséquence immédiate du droit de propriété, le principe paraît ici d'autant plus favorable que l'affection règnant ordinairement entre les époux le rend plus précieux. Cette tendance des époux à s'abandonner mutuellement leur fortune ne mériterait que d'être encouragée, si elle s'exerçait toujours dans une entière liberté d'esprit, et avec un respect suffisant des droits d'autrui. Mais l'expérience ne tarde pas à démontrer qu'il faut au contraire s'opposer aux entraînements aveugles de la passion et préserver contre eux avec un soin tout particulier les intérêts que la loi veut garantir. L'ardeur que mettent ordinairement les familles des deux époux, devenues rivales, à débattre les questions que soulève la dissolution du mariage, invite le législateur à établir ici des règles d'autant plus précises.

2. Il est un autre point qui doit encore préoccuper le législateur, c'est le devoir d'assistance mutuelle qu'ont contracté les époux par l'effet de leur mariage ; ce devoir s'éteint il est vrai, à la mort de l'un d'eux, puisqu'il est tout personnel, mais n'est-il pas d'une législation prudente de pourvoir aux besoins de l'époux survivant, et de suppléer ainsi à l'absence des secours du prédécédé ? ne serait-ce pas d'ailleurs dan? la plupart des cas réaliser l'intention présumée du défunt ? Plusieurs législations l'ont compris ; les unes ont institué les gains de survie tels que la quarte du conjoint pauvre ou le douaire, d'autres ont donné à l'époux un rang sérieux dans la succession *ab intestat..* Sur ce point notre droit Français laisse une lacune à combler ; peut-être aurait-il quelques emprunts à faire au nouveau Code civil Italien ?

3. Dans les premiers temps de la République Romaine, ce qui semble prévaloir, c'est une faculté très-large de s'avantager entre époux ; on n'envisage le lien qui les

unit que comme une cause bien naturelle de donations réciproques. Ainsi en l'an 549 ou 550 de la fondation de Rome, dans une loi destinée à modérer le taux des libéralités, on a soin d'excepter celles qui seraient consenties entre époux. A cette époque le mariage avait encore conservé à Rome son caractère de pureté; le divorce permis par les lois n'était pas en usage, on n'avait pas à craindre les scandaleux abus d'influence. En outre le mariage ne se formait le plus souvent qu'accompagné de formalités, connues sous le nom de *Conventio in Manum*, qui entraînaient la femme sous la puissance de son mari, et confondaient ainsi leurs biens dans un même patrimoine; les donations devenaient ainsi inutiles.

4. Un profond changement se produisit au commencement de l'Empire; à une grande liberté succéda une prohibition absolue, et, comme le constatent les textes, ce sont les mœurs qui amenèrent ce bouleversement; les libéralités entre époux étaient devenues beaucoup plus fréquentes; l'usage de la *Manus* avait disparu ; le divorce, au contraire, était passé dans les habitudes, les mariages contractés et rompus avec la même légèreté

n'étaient plus qu'un objet de spéculation, de là un abus croissant; le devoir d'affection mutuelle des époux s'étant considérablement affaibli n'avait plus besoin d'être favorisé autant que par le passé, il valait mieux garantir l'indépendance des volontés et protéger le droit des diverses familles ; on prohiba les donations entre époux.

5. Cette rigueur était maintenant excessive, on ne pouvait anéantir ainsi la liberté de disposer, on comprit qu'il était indispenpensable de tenir compte de ce grand principe, et on autorisa de nouveau les donations entre époux. Mais on sauvegardait l'indépendance du donateur, en lui réservant la faculté de revenir jusqu'à son décès sur son intention première ; les libéralités étaient permises, mais sous la condition expresse de révocabilité au gré du donateur.

6. La facilité de rompre les mariages et d'en contracter de nouveaux devait mettre un autre intérêt en jeu, celui des enfants d'un premier lit. Dénués de toute protection contre l'influence des nouveaux époux, ils ne trouvèrent cependant aucun secours dans les lois des premiers empereurs romains; car on s'appliquait à encourager les unions

légitimes, et toute loi de nature à les entraver était condamnée à l'avance. Plus tard le Christianisme vint qui renversa les idées admises jusque-là sur les seconds mariages. Partisan de l'indissolubilité du mariage, il préférait même le célibat à des secondes noces; ne craignant pas de leur créer des obstacles, on songea à assurer aux enfants d'un premier lit la protection due à leurs intérêts; en vertu de la constitution connue sous le nom de *Feminæ quæ* et rendue par les empereurs Gratien, Valentinien II et Théodose les veuves ayant des enfants d'un premier lit ne purent disposer en faveur de leurs nouveaux maris des biens qu'elles tenaient du prédécédé et en 469, les empereurs Léon et Athénius, dans une constitution qu'on désigne ordinairement par ses premiers mots : *Hac Edictali*, défendirent aux personnes remariées d'abandonner à leurs nouveaux époux au-delà de la part de l'enfant le moins prenant.

7. L'invasion des Barbares amena de nouvelles mœurs et de nouvelles lois; mais ces lois ne furent pas imposées aux anciennes populations romaines, elles eurent un caractère personnel, c'est-à-dire que chaque peuple continua de vivre sous la législation qui l'avait régie jusque-là ; les Romains gardèrent sur les libéralités entre époux les lois dont nous venons d'exposer le résumé ; nous les retrouvons aussi dans nos pays de droit écrit. Quant aux Barbares leurs mœurs avaient la rudesse, et leurs lois la simplicité primitives que nous avons constatées dans les premiers temps de Rome ; les mêmes causes devaient produire les mêmes effets ; aussi malgré une certaine obscurité dans les lois multiples des peuplades envahissantes ce qui semble dominer c'est la liberté de s'avantager entre époux. Cette liberté relative a même laissé quelques traces dans les pays de droit coutumier.

8. Dans la plupart de ces pays il fut permis aux époux sous certaines conditions de se faire des libéralités pendant le mariage ; ces conditions aboutissaient à une obligation d'égalité dans les avantages réciproques c'est ce qu'on désigne sous le nom de Dons mutuels. Dans les mêmes contrées on ne songea qu'assez tard à apporter des obstacles sérieux aux avantages entre conjoints ayant des enfants d'un précédent mariage. Il faut aller jusqu'en 1560, pour rencontrer une

protection quelconque envers ces enfants ; en cette année François II rendit son célèbre édit des secondes noces, par lequel il rétablissait les dispositions des constitutions des empereurs romains.

9. Enfin partout dans notre ancienne France on assurait une sanction jusqu'après la mort au devoir d'assistance des conjoints par l'institution de gains de survie tels que l'Augment et le douaire ; la femme au moins était ainsi assurée de ne pas rester sans ressources en cas de prédécès et son mari ; les pays de droit écrit accordaient aussi au mari les avantages de cette nature par le contre augment.

10. La Révolution Française changea les conditions du mariage ; le divorce fut autorisée avec une facilité scandaleuse, les seconds mariages devinrent presque favorables. Par suite on abolit l'Edit des secondes noces ou du moins on le laissa absolument de côté, les gains légaux de survie ne furent pas maintenus ; le mariage n'avait plus un caractère de gravité tel qu'il pût, comme on l'a dit, produire des obligations au-delà du tombeau. Cependant on étendit la quotité disponible entre époux tandis qu'on restrei-

gnait abusivement la quotité disponible ordinaire. Ces dispositions quelque peu contradictoires étaient un résultat du trouble
où se trouvait alors notre législation.

11. Les rédacteurs du Code en 1804,
firent une transaction; le divorce fut conservé, mais avec des tempéraments qui en
faisaient une loi raisonnable, sinon appro-
priée aux mœurs de notre pays. En même
temps on rétablit avec quelques modifications les protections accordées par l'Edit des
secondes Noces aux enfants de précédents
mariages. La quotité disponible entre époux
reçut des règles nouvelles et spéciales, mais
cette grande différence, qui dans le droit
intermédiaire la séparait de la quotité disponible de droit commun disparut. Ce
qu'on peut seulement regretter, c'est l'absence des gains de survie dans le Code ; cette
lacune est encore aggravée par le rang éloi-
gné du conjoint dans les successions *ab intestat.*

Enfin dans ces derniers temps s'est formée
une nouvelle législation, celle du Code civil
italien qui, revenant à la prohibition absolue
des donations entre époux a néanmoins
considéré le lien résultant du mariage

comme assez fort pour constituer entre le mari et la femme des droits d'hérédité, et a assuré au survivant d'entre eux une part au moins dans les revenus des biens du prédécèdé ; c'est cette dernière idée que quelques jurisconsultes voudraient faire insérer dans notre droit.

On voit par ce résumé de l'histoire des donations entre époux depuis la législation romaine, combien cette matière est susceptible de changements. Elle forme une des applications les plus frappantes de cette maxime que les lois doivent être relatives à la différence des passions du cœur et à la différence des caractères de l'esprit.

DONATIONS ENTRE ÉPOUX

DANS LE DROIT ROMAIN.

PREMIÈRE PARTIE.

LÉGISLATION ANTÉRIEURE AU SÉN.-CONSULTE

D'ANTONIN CARACALLA.

CHAPITRE PREMIER.

ORIGINE ET CAUSES DE LA PROHIBITION.

13. A Rome, comme nous l'avons dit, les règles sur les donations entre époux furent soumises à des variations dues, soit à la diversité des circonstances et de leur influence, soit aux recherches habiles des jurisconsultes. C'est ainsi que dans les premiers temps nous voyons les donations entre époux permises, et même encouragées; on n'étendit point jusqu'à elles le premier échec qui fut apporté à la faculté de disposer à titre gratuit. La loi Cincia rendue en l'an 449 ou 450 de Rome pour restreindre la liberté de donner, énuméra une catégorie de personnes exceptées, parmi lesquelles *vir et uxor*. (Fragm. du Vat. 302). Deux motifs peuvent avoir inspiré cette décision : 1º Jusque là le mariage romain ne se contractait le plus souvent qu'accompagné de la *Conventio in manum*; par suite les patrimoines étaient confondus, et les donations entre mari et femme devenaient très-rares. 2º Pour les mariages contractés en dehors des formes de la *Manus* les libéralités entre époux n'étaient pas encore devenues un objet de spéculation; dès lors le principe de la libre disposition des biens s'imposait seul au législateur, et l'affection mutuelle que doivent se porter les époux apparaissait comme une cause de faveur.

14. Vers la fin de la République avec la dissolution des mœurs apparurent des lois destinées à y porter remède. C'est à ce moment (an de Rome 757 à 762) que furent rendues les lois caducaires dans le but d'encourager au mariage et de favoriser la procréation des enfants légitimes; c'est aussi vers cette époque qu'on place communément la prohibition des libéralités entre époux; le mariage n'avait pas conservé son caractère de sainteté; les désordres et les divorces

s'étaient multipliés ; le maintien ou la rupture du mariage n'était plus qu'une question
d'intérêt pécuniaire : les mœurs réagirent
alors contre elles-mêmes, c'est en effet la
coutume qui interdit les donations entre
époux « Moribus apud nos receptum est ne
inter virum et uxorem donationes valerent. »
Telles furent donc l'origine et une des causes principales de la prohibition « Sextus
Cœcilus et illam causam adjiciebat ; quia
sæpe futurum esset, ut discuterentur matrimonia, si non donaret is quis posset :
atque ea ratione eventurum, ut venalicia es-
sent matrimonia. » Loi 2 de Don. Int. Vir.
et Uxor.

Les textes nous exposent en même temps
d'autres raisons qui sont de tous les temps
et de tous les pays ; c'est d'abord le soin que
doit prendre le législateur à empêcher les
prodigalités inspirées par la passion ; c'est
encore la crainte de voir les époux détournés
de leurs devoirs envers leurs enfants par les
préoccupations d'intérêt. Nous devons rendre cette justice aux jurisconsultes Romains
qu'ils semblent avoir réuni tous leurs efforts
pour faire du mariage un contrat libre de
tout sentiment vénal. (Loi 1 et loi 3 Pr. Dig.
De Don. Int. Vir. et Uxor).

CHAPITRE DEUXIÈME.

ÉTENDUE DE LA PROHIBITION.

15. § 1er *Entre quelles personnes.* — § 2e *A quels actes elle s'applique.*

§ 1er *Entre quelles personnes?* Il s'agit évidemment des époux, mais on sait qu'il existe plusieurs genres d'unions à Rome : 1º les *justæ nuptiæ* (viri et mulieris conjunctio, individuam vitæ consuetudinem continens); ce mariage seul donnait au mari le titre de *vir*, avec les attributs de la puissance paternelle, et il assurait à la femme une égalité complète de condition juridique avec son mari ; 2º le concubinat, union d'un ordre inférieur, ne conférait aux époux aucun de ces effets. Les motifs de la prohibition et la rubrique du titre sur notre matière au Digeste indiquent clairement à quelles personnes il faut en principe restreindre cette prohibition, Le mariage dont

on cherche à sauvegarder la dignité ne peut
être que le mariage légitime (justæ nuptiæ) :
cette idée est confirmée par la rubrique de
notre titre où se trouvent deux expressions
toujours réservées aux conjoints unis par
justes noces : *De Donationibus inter virum
et uxorem* ; elle est même corroborée par un
exemple que fournit Ulpien dans la loi 3
§ 1 Dig. *De Don int. vir et Uxor.* L'empereur
Sévère valida une donation faite par le sénateur Pontius Paulinus à son affranchie,
parce que, dit-il, cette affranchie n'était pas
réellement sa femme, mais sa concubine ;
enfin Antonin, pour protéger les militaires,
est obligé de les excepter expressément de
la règle par un rescrit ; il ne veut pas qu'ils
se laissent dépouiller par leurs concubines
au moyen de fausses caresses. (Loi 2 Code
De Don. int. vir et Uxor). (Savigny T. de Dr.
Rom. Trad. de Guenoux. Tome IV § 172).

Toutefois il ne faut pas croire qu'on laissait indifféremment la faculté de s'avantager
à ceux qui avaient contracté leur union au
mépris d'un empêchement légal et n'avaient
ainsi pu former qu'un concubinat. Le donateur ne pouvait, à la vérité, invoquer la nullité de la donation, mais les biens ne res-
taient pas pour cela au donataire, ils étaient

revendiqués par le fisc. Loi 2 § 1 *De his
quæ ut ind*). Cependant si le donateur était
une personne que l'empêchement du mariage avait pour but de protéger, on continuait cette protection en lui accordant une
action utile pour recouvrer les biens donnés.
Les textes distinguent encore, comme on
peut le voir dans les §§ 27 et 28 de la loi 32
de notre titre, suivant que l'empêchement
provenait d'une cause continue ou d'une
cause temporaire. Dans le premier cas, quand
par exemple un sénateur avait épousé une
affranchie, la donation était annulée et le
bénéfice revenait au fisc. Quand au contraire
l'empêchement provenait par exemple de
l'impuberté, à raison de sa moindre gravité, il n'entraînait pas confiscation, et la
donation était valable entre fiancés, à condition toutefois que des fiançailles eussent
précédé le faux mariage et que les fiancés
se fussent gratifiés à tout événement.

16. Le principe de la prohibition une
fois établi, se présentait une question qui
divise encore aujourd'hui les interprètes du
droit romain. On ne s'accorde pas sur le
moment où la défense commençait à s'exercer, c'est à dire sur le moment précis de la
formation du mariage à Rome. Les textes

sont à cet égard assez obscurs, et, en apparence au moins, contradictoires ; cette question touche de trop près à notre sujet pour que nous la passions complètement sous silence.

Trois systèmes sont en présence ; le premier qui se contente, du consentement des époux, sans exiger la cohabitation ; il s'appuie sur la lo: 30 *De Regulis juris* (Dig.), dont les termes paraissent assez formels (*Nuptias non concubitus, sed consensus facit*), mais cette opinion est contredite par un grand nombre de textes qui semblent exiger la présence au moins de la femme au domicile matrimonial. (Sent. de Paul L. 2 Titre XIX § 8. — (L. 5 *De Ritu Nupt.* Dig.) Dans une constitution l'empereur Aurélien, appréciant la validité d'une donation, décide que si elle a eu lieu au domicile de la femme, elle est valable comme faite *ante nuptias* ; si c'est au domicile du mari, elle est nulle comme donation entre époux : de là un système radicalement opposé qui ne fait dater le mariage que du moment où le mari a la libre disposition de la femme soit par tradition réelle, soit autrement. (Ortolan explic. hist. des Inst. T. II § 8 et s. — Boutry essai sur l'hist. des don. entre époux n° 21). Une loi (66 Dig. Cod. Tit.) semble dans ses diverses parties donner raison tantôt au premier, tantôt au second système; cette loi s'explique beaucoup plus facilement dans un troisième système qui nous paraît préférable.

D'après cette troisième opinion le simple consentement ne serait pas suffisant pour former le mariage, d'un autre côté la cohabitation ne serait pas toujours nécessaire; la formation du mariage est avant tout à Rome une question de fait. Si les parties ne sont pas présentes, il ne peut être contracté que du jour où la femme est à la disposition du mari, par conséquent du jour de sa *deductio in dom..m mariti*, on ne peut concevoir un mariage purement idéal, *per nuntium, per epistolam*; pour qu'il existe, il faut que le mari, puisse, quand il le voudra établir cohabitation avec sa femme. Si au contraire, comme il arrive le plus souvent, les deux époux sont présents, la question du *concubitus* devient accessoire; le mariage aura son point de départ, d'après l'intention des parties, soit au jour du consentement, soit au jour de la translation de domicile de la femme; et même on pourra convenir qu'il ne datera que du moment où certaines solennités auront été accomplies; on explique alors la divergence apparente des deux décisions de Scævola dans la loi 66 par la diversité des situations ou de l'intention des parties dans les deux espèces. Le *principium* de la loi 66 valide la donation, qu'elle ait, ou non, été faite avant la *deductio in domum*; il est permis de supposer qu'il s'agit de fiances présents et que le mariage a pu se former par le simple consentement; dans le § 1er. la même loi ne confirme la libéralité que s'elle a précédé la *deductio in domum mariti*. c'est qu'alors les fiancés n'étaient pas présents ou bien que, s'ils étaient présents, ils ont voulu subordonner la validité du mariage à la *deductio in domum* ou à l'accomplissement d'autres formalités. Dans aucun texte, du reste, la tradition n'est formellement exigée. Enfin il est difficile de supposer un contrat réel sans une obligation de restituer, et son moyen de sanction ordinaire, c'est à dire une action; en existe-t-il une contre le mari? (Machelard. Textes de Dr. Rom. Page 210 et s.)

17. Cette difficulté de droit résolue, la pratique soulevait en fait des questions analogues sur le moment où se formait l'acte de donation; cet acte ne se passait pas toujours aussi simplement et aussi instantanément que nous avons paru jusqu'ici le supposer ; il comportait souvent plusieurs phases; comment alors déterminer l'instant précis où il était conclu ? Il fallait que le tout se fût passé antérieurement à la célébration du mariage. Si une donation résultait d'une tradition, d'une mancipation ou d'une *in jure cessio*, il ne suffisait pas que la volonté de donner eût existé avant la formation du mariage, la translation de propriété devait aussi le précéder ; après Justinien la question diminua beaucoup d'importance, car les donations se consommaient par une simple promesse.

Les jurisconsultes romains, suivant leur procédé habituel, posent différentes espèces et donnent la solution pour chacune d'elles : l'une est particulièrement intéressante ; il s'agit de la dot dont les époux ont exagéré ou amoindri la valeur dans l'estimation qu'ils en ont faite avant la célébration du mariage ; quel sera le sort de cette libéralité ? Il semble au premier abord que l'indépendance des parties étant encore complète au moment de la donation, rien ne doive s'opposer à sa validité ; cependant Ulpien l'annule, il se fonde sans doute sur ce qu'elle ne prend en quelque sorte vie que par la célébration du mariage ; cette décision nous paraît d'une logique un peu rigoureuse. (Loi 12 *De Jure Dotium* Dig.)

18. Si la prohibition ne s'était appliquée qu'aux époux eux-mêmes, elle eût été, avec l'organisation de la famille à Rome, absolument vaine ; en effet, les patrimoines ne se comptaient pas par individus, mais par familles ; un citoyen romain *alieni juris* n'avait au point de vue des biens aucune personnalité. Dès lors, il fallait étendre la prohibition, considérer non pas les deux époux individuellement, mais le patrimoine collectif des deux familles, et défendre d'avantager l'un aux dépens de l'autre ; le mari ne pouvait donc faire de donations non-seulement à sa femme, mais encore à son *pater familias* ni à toutes les autres personnes sous la même puissance ; la femme ne pouvait non plus donner ni à son mari ni aux personnes tenant à lui par l'unité des biens ; ainsi la mère n'était pas libre d'avantager un fils issu du mariage commun ; cependant on l'autorisait à constituer une dot à sa fille, parce que c'était le mari qui était considéré comme le véritable acquéreur. (Loi 3, § 2, 5 et suiv., Dig. De Don. *Int. Vir. et*

Uxor. Les esclaves étaient naturellement à ce point de vue assimilés aux fils de famille. (Loi 3, § 4, Dig. Eod. Tit.)

Ces règles subirent un échec beaucoup plus grave par suite des transformations successives de la famille romaine ; dès le commencement de l'empire les fils de famille furent capables de posséder un pécule indépendant du patrimoine du *pater familias*, le pécule *castrense* ; il leur fut permis de recevoir à ce titre des biens de leur mère ; ils jouirent ensuite du même droit pour le pécule *quasi-castrense* ; et quand fut organisé le pécule *adventice*, les donations par les mères à leurs fils devinrent absolument libres au moins quant à la nue-propriété. (Loi 3, § 4, Dig. Eod. tit.)

19. Il est à peine besoin d'ajouter que la prohibition ne survivait pas au mariage ; la mort de l'un des époux levait l'interdiction des libéralités entre l'époux survivant ou sa famille et la famille du conjoint défunt ; et le divorce prononcé dans les formes légales rendait aux époux, en même temps que leur indépendance, la libre disposition de leurs biens. Toutefois des fraudes auraient pu naître fréquemment de la facilité scandaleuse avec laquelle on pouvait à Rome bri-

ser le lien du mariage ; rien n'eût été plus aisé que de s'en dégager pendant le temps nécessaire pour se faire les libéralités voulues ; ce procédé ne manqua sans doute pas d'être mis en pratique, car nous voyons les jurisconsultes romains ne tenir compte du divorce pour la validité des donations que sous certaines conditions de sincérité, comme s'il s'est écoulé un certain espace de temps avant la réconciliation ou la conclusion d'un second mariage. Mais n'était-ce pas là prolonger involontairement la durée des divorces et mettre les époux entre leur honneur et leur intérêt ? (Loi 25 et 64, Dig. Cod. tit.)

§ 2. A quels actes s'applique la prohibition.

20. Après avoir examiné l'étendue de la prohibition, quant aux personnes, il convient maintenant de rechercher quels actes elle atteint. Les textes nous apprennent que ce sont les donations ; mais c'est un mot dont le sens est assez élastique ; dans les textes mêmes, on le trouve sous des significations très-diverses. Ainsi que l'a observé

M. de Savigny, on n'eût point à envisager la donation dans son ensemble comme un acte juridique; ce n'etait point un mode spécial de contracter ou de transférer la propriété, *Traité de Droit romain*, t. IV. Cette idée paraît même ressortir d'un passage des *Instituites*, de Justinien (L. II, titre VII), où l'on oppose les mots *genus acquisitionis* à ceux de *modus acquisitionis*; le *genus acquisitionis*, c'est le caractère que va revêtir le procédé employé pour parfaire l'acquisition; si, en effet, on considère l'intention qui a présidé à l'accomplissement de l'acte juridique, on voit qu'on peut se servir du *modus acquisitionis* avec l'intention, soit de rendre un avantage dans le présent ou dans l'avenir s'il n'a pas déjà été fourni, soit de recevoir gratuitement; dans cette dernière hypothèse, l'acquisition aura le caractère d'une donation; mais le *modus* sera toujours le même, toujours soumis aux mêmes conditions et produira les mêmes effets; les jurisconsultes n'eurent donc à s'occuper du caractère de l'acte, du *genus acquisitionis*, que d'une manière presque accessoire, aussi chaque fois qu'ils voulurent en faire l'objet de règles spéciales, ils eurent soin de délimiter la catégorie des actes auxquels ils entendaient les appliquer ; c'est ainsi qu'ils ont défini le sens du mot donation, quand ils ont voulu la prohiber entre époux. « Cette prohibition, dit M. de Savigny, a fourni presque seule aux jurisconsultes romains l'occasion de définir la donation, et d'en poser rigoureusement les limites. » (*Traité de droit romain*, t. IV, par. 192.)

Trois conditions doivent se présenter dans un acte pour constituer une donction prohibée.

21. 1° Il faut qu'il appauvrisse le donateur ; les Romains font ici des distinctions qui paraissent aujourd'hui quelque peu subtiles ; si le donateur ne retranche rien sur ses biens (*cum nihil de bonis erogatur*, 1. 5, par. 6, Dig., Eod. Tit.), la libéralité est valable ; ce n'est pas une donation au sens propre du mot. L'exemple le plus frappant et le plus contestable au point de vue théorique (voir Pothier, *Tr. des Don. entre mari et femme*, n° 88), est celui de la répudiation d'une hérédité par l'un des époux pour en faire profiter son conjoint substitué ou venant après lui dans la succession *ab intestat*; *non de patrimonio suo deposuit* (1. 5, par. 13, Dig.); dans les idées romaines, tant que l'héritier institué n'a pas fait adition, il n'a qu'une espérance, son patrimoine n'est pas encore augmenté.

22. Il n'y aura pas non plus donation quand l'époux aura répudié un legs, pour en laisser la jouissance à son conjoint, héritier institué; à plus forte raison n'est pas traité comme donateur le mari qui, connaissant l'intention où est un tiers de lui faire un legs, prie ce tiers de reporter sa libéralité sur sa femme (loi 5, par. 14, et loi 31, par. 7, Dig., Eod. Tit.)

De même, on ne verra pas de donation prohibée dans le fait d'une personne qui abandonne temporairement sa chose avec l'intention de la reprendre ensuite, comme dans le contrat de dépôt ou de mandat, sauf quelques nuances que nous examinerons plus loin.

23. Enfin, si l'époux acquérait de son conjoint un bien qui n'appartenait pas à celui-ci, il n'y avait pas de donation, et l'époux acquéreur pouvait usucaper. (1. 25, Dig.) Toutefois, cette hypothèse, pouvant se concevoir de différentes façons, a donné lieu à des interprétations diverses de la part des interprètes.

24. On peut, en effet, supposer que le mari a donné un bien susceptible d'être

usucapé par lui, ou qu'il s'est dessaisi d'une
chose qu'il ne pouvait pas acquérir personnellement; l'abandon sera-t-il valable dans
les deux cas? La raison de douter apparaît
clairement. Dans la première de ces hypothèses, il y a en réalité appauvrissement du
donateur, puisqu'il se prive d'un bien pouvant l'enrichir. Il ne subit , au contraire,
aucun préjudice quand il a donné un bien
qu'il n'espérait même pas acquérir par
l'usucapion. Cet argument nous paraît
d'autant plus fort, que le droit du possesseur
de bonne foi en train d'usucaper était sanc-
tionné par une action, l'action Publicienne,
et qu'il donnait même immédiatement la
faculté de constituer une hypothèque sur
l'objet possédé (loi 1, Pr. Dig., De Public.
in rem act. Loi 18, Dig., De Pign. et Hypoth.)
La loi 3 *Pro Donato* au Dig., vient fortifier
cet argument ; on y trouve une trace certaine de la distinction « si vir uxori, vel
uxor viro donaverit ; si aliena res donata
fuerit ; verum est, quod Trebatius putabat,
si pauperior, is qui donasset non fieret, usucapionem possidenti procedere. » Aussi nous
pensons que la loi 25 de Térence n'a pas un
sens général, qu'elle s'applique seulement
au cas où le mari s'est dessaisi d'une chose

sur laquelle il ne pouvait même pas avoir l'espérance d'un droit. Nous ne nous arrêterons pas à un argument de mots qu'on nous oppose dans l'autre opinion : « Nam jus constitutum ad eas donationes pertinet, ex quibus et locupletior mulier, et pauperior maritus *in suis* rebus fit. » Or, dit-on, quand le mari donne un bien appartenant à autrui, il n'est pas possible de dire qu'il s'appauvrit sur ses propres choses (*suis rebus*). Le jurisconsulte a-t-il attaché autant d'importance à ce pronom possessif ? Nous ne le croyons pas. Du reste, la chose qu'une personne possède de bonne foi ne peut-elle pas être comptée parmi les *res suœ*? c'est justement la question.

25. 2° Il faut qu'il y ait enrichissement du donataire.

L'enrichissement du donataire est une des conditions que doit remplir l'acte pour rentrer dans la catégorie des libéralités prohibées ; les textes nous fournissent plusieurs exemples d'avantages qui, faute de cet élément, échappent à notre règle.

26. Les époux pouvaient s'abandonner mutuellement un terrain pour en faire un lieu de sépulture : « Concessa donatio est sepulturæ causa. » (Loi 5, par. 8, *Dig.*) Aussitôt qu'un terrain avait reçu une inhumation, il devenait religieux, et, par suite, *res nullius*, l'époux ne se trouvait donc pas enrichi par cette apparente donation. Mais, pour éviter toute espèce de fraude, et pour limiter l'exception à sa cause, le bien restait la propriété du donateur, tant qu'il n'était pas devenu religieux (1, 5, par. 9.) La loi romaine n'échappe pas ici à la critique, car on peut dire que le conjoint donataire est enrichi en ce sens qu'il ne sera pas obligé de débourser sur son propre patrimoine pour acquérir le terrain nécessaire. Pothier énonce un autre motif : *Ita favorabiliter observatur in causa donationis inter conjuges.* (*Pandect*, par. XXVII, note I.) L'exception est ainsi justifiée d'une manière plus plausible ; mais cette explication présente aussi un inconvénient, c'est qu'elle est très-large et susceptible de servir à bien des hypothèses.

27. Pour la même cause est permise la donation faite par le mari, *ad oblationem Dei*, soit qu'il s'agissse d'un terrain pour y construire un temple, soit qu'il s'agisse d'une offrande à porter dans un temple (1. 5, par. 12. *Dig.*, Eod Tit.)

28. Dans cette classe, on range encore la donation *quam dicimus honoris causa* ; les

textes nous citent à titre d'exemples les donations adressées par la femme à son mari
pour le mettre en état d'obtenir la pourpre
sénatoriale, d'entrer dans l'ordre des cheva-
liers ou de donner des jeux; on pensait
qu'il n'y avait pas là enrichissement pour le
mari, c'était une dépense toute de luxe;
l'avantage qu'il en retirait n'était pas rému-
nératoire, mais seulement, selon les expressions du texte romain, *honoris causa* (1. 42,
40 et 41. *Dig.*, Eod. Tit.)

29. Le défaut d'enrichissement du donataire apparaissait encore dans un acte qui
devait être d'une pratique usuelle à Rome,
nous voulons parler de la donation d'un esclave avec charge d'affranchir. Paul dans ses
Sentences (1. 2, t. 22, par. 2) attribue à cette
exception deux motifs : le premier est ce que
les Romains appellent *favor libertatis*, le second est celui du défaut d'enrichissement
chez le donataire; aussi la donation n'acquérait sa validité qu'à dater de l'affranchis-
sement; si l'époux laissait passer le délai
sans avoir affranchi, la donation devenait
caduque; pendant le temps qui précédait la
manumissio, l'esclave continuait d'appartenir au donateur, et par conséquent d'acquérir pour lui; le donataire ne bénéficiait

donc que du droit de patronage (l. 5, par. 5, l. 19, t. 5, Dig.)

30. Les donations que l'époux recevait à titre de personne interposée étaient évidemment valables, puisque ce n'était pas à sa personne qu'elles s'adressaient ; il n'était pas en réalité le donataire.

31. Si l'un des conjoints avait éprouvé une perte, la donation faite par l'autre époux dans le but de la réparer ne tombait pas sous le coup de la prohibition ; pour les jurisconsultes romains, celui qui ne profitait de la donation que pour réparer un dommage, ne se trouvait pas enrichi (l. 14, Eod., Tit. Dig.) Ainsi, une maison avait été incendiée, le conjoint fournissait la somme nécessaire à sa reconstruction ; cet acte n'était pas considéré comme une donation. Une telle solution fait évidemment encore échec à l'objection que nous avons déjà présentée à propos de la donation d'un lieu de sépulture, et qui peut se formuler en ces termes : « Propriæ pecuniæ pepercit qui donatus est. »

32. Ce n'était pas non plus une donation prohibée que la remise par la femme à son mari du gage qu'elle en avait reçu pour la restitution de sa dot (Liv. Dig. 18, L. 42, tit 8). *Quæ in fraud. credit*). On ne conçoit guère la solution contraire; car la remise d'un gage n'entraîne aucune diminution dans le patrimoine du créancier, qui conserve toujours sa créance.

33. Enfin on ne prohibait pas l'avantage qu'un des époux pouvait retirer d'une chose dont l'usage lui avait été momentanément cédé par son conjoint, ainsi l'un pouvait se servir des vêtements de l'autre, et même de ses esclaves. Paul rapporte en effet dans la loi 28, § 2, au Dig. (Eod. tit.) que si les esclaves de l'un des époux ont fait des travaux pour l'autre, celui-ci n'en devra aucun compte. C'est même à cette occasion qu'est énoncée la maxime si raisonnable à laquelle nous avons déjà fait plusieurs fois allusion. « Et sane non amare, nec tanquam « inter infestos jus prohibitæ donationes « tractandum est. »

34. L'usage d'une somme d'argent était aussi regardé comme un avantage sans importance, et on en permettait l'abandon entre époux. Si l'un d'eux était créancier à terme de l'autre, il pouvait toucher le montant de sa créance avant l'arrivée du délai sans s'exposer à une demande en restitution.

35. En était-il de même pour les fruits des biens donnés. D'abord existe-t-il théoriquement une différence entre les fruits, et les intérêts d'une somme d'argent? On a fait une distinction qu'on justifiait en disant que les immeubles sont destinés à produire des fruits, tandis que les revenus d'une somme d'argent ont un caractère beaucoup plus aléatoire. Nos économistes d'aujourd'hui admettaient peut-être difficilement une pareille distinction; on s'habitue maintenant à regarder toute valeur mobilière ou immobilière comme un capital également productif de revenus; toutefois il serait téméraire de nier que chez les Romains cette considération ait eu quelque influence, on voit en effet que sans aucune hésitation les jurisconsultes validaient entre époux la donation de l'usage d'une somme d'argent; au contraire, on ne trouve que des textes contradictoires sur les donations de fruits des autres biens.

Ulpien, dans la loi 17, Dig., Cod. Tit. rapportant l'opinion de Julien, semble permettre entre époux la donation de toute espèce de fruits, et il oppose même les fruits et les intérêts, *fructus quoque ut usuræ*. Une loi de Marcellus paraît en contradiction formelle avec cette décision d'Ulpien. En effet, dans la loi 49 au Dig., Eod. tit., Marcellus énonce l'hypothèse d'une donation par la femme au mari avec charge pour celui-ci de transmettre le bien donné à un enfant commun, et il distingue suivant que l'interposition est réelle ou qu'elle est une fiction destinée à cacher un avantage de jouissance fait au mari, dans le premier cas, il ne voit aucune raison d'empêcher l'interposition du mari plus que celle d'un étranger, dans le second, au contraire, il annule l'opération afin de ne pas laisser au mari une jouissance gratuite des biens.

Enfin Pomponius (Loi 25, Dig., *De usuris*) fait une distinction d'une autre sorte, entre les fruits naturels et les fruits artificiels ; ce sont les fruits industriels seulement qu'il consent à laisser au conjoint donataire ; cette distinction reposait sans doute sur ce que les fruits industriels sont dans une certaine mesure le résultat du travail du donataire, tandis que les fruits naturels sont dûs uniquement à la générosité du donateur.

De savants interprètes du droit ont abandonné l'idée d'une conciliation de ces téxtes ; nous imiterons leur réserve. Ces contradictions cachaient sans doute une divergence d'opinions entre jurisconsultes romains ; telle est l'explication qui nous paraît la plus vraisemblable de la différence de solution qui apparaît dans les textes (Savigny *Traité du droit romain*, t. IV, n° 147, Machelard *Textes de droit romain*, p. 232.)

36. Toutefois on trouve les jurisconsultes d'accord sur une espèce se rapprochant singulièrement de celle que nous venons d'examiner, il s'agit de biens dotaux, dont la destination est de pourvoir aux charges du mariage, sera-t-il permis d'en abandonner les revenus à la femme ? Les textes proposent tous la même solution : si la femme acquiert ces revenus sans aucune condition, c'est une donation prohibée ; si elle n'en profite qu'à la charge de s'entretenir, c'est un moyen indirect d'acquiter les charges de la dot, la donation devient valable. On ne doit pas donner ici à l'interdiction le seul motif de la prohibition des libéralités entre époux ; la logique nous conduirait nécessairement à l'étendre aux donations de la jouissance des autres biens. Il existe un autre motif propre aux biens dotaux, c'est qu'on ne peut sous aucun prétexte en changer la destination (L. 21, § 1er Dig., *Cod. tit* — L. 8, Code *de don. Int. vir et uxor*).

37. 3° Il faut l'intention chez le donateur de faire une libéralité. Ainsi l'héritier qui acquitte un legs imposé par le défunt n'est pas un donateur; celui qui, sous la pression du besoin, vend à vil prix, n'est pas considéré comme faisant donation de l'excédant de la valeur; il en est de même de celui qui achète sciemment une chose plus cher qu'elle ne vaut pour satisfaire son caprice.

38. Les caractères de la donation prohibée une fois déterminés, les praticiens devaient chercher un moyen d'échapper à la règle; les textes nous présentent à ce sujet diverses hypothèses dans lesquelles on a voulu masquer la nature de la libéralité.

39. Nous rencontrons d'abord les donations par personnes interposées; le conjoint adressait sa libéralité à un étranger en le chargeant d'une sorte de fidéicommis entre-vifs au profit de son époux; cette tentative de fraude est signalée par Ulpien, qui la condamne (L. 3, § 9, Dig., *Eod. Tit*). Toutefois on peut dire qu'il était sans doute plus difficile de la déjouer avec les lois romaines qu'aujourd'hui avec notre Code; Car on n'avait admis aucune présomption légale d'interposition de personnes (L. 25, *De his quæ ut indignis*, Dig.). D'un autre côté, cette fraude dût aussi être d'une pratique moins fréquente ; avec l'organisation de la famille romaine, où était établie l'unité de biens entre personnes dépendant du même *paterfamilias*, il fallait aller plus loin pour trouver une personne interposée, et souvent on en eût été réduit à placer sa confiance chez un étranger. Ce n'est pas le sens unique dans lequel les Romains ont compris l'interposition de personnes, et même on peut dire qu'ils l'entendaient plutôt des cas où la donation s'opérait au moyen d'un acte juridique fait avec un tiers (Savigny, *Traité de droit romain*, t. IV, Append. X-I). Les exemples cités par les textes sont ceux d'un mari qui charge son débiteur de payer entre les mains de sa femme (L. 3, § 12, *Eod Tit.* Dig) ou qui, connaissant les intentions de libéralité d'une personne à son égard, la prie de reporter sa donation sur la tête de sa femme.

40. On pouvait encore chercher à écarter la prohibition en déguisant la donation sous l'apparence d'un contrat à titre onéreux; car à Rome ce genre d'actes n'était pas interdit entre époux pendant le mariage. (L. 5, Par. 5.—Loi 31, Par 3 Eod. Tit. Dig.); c'était à celui qui invoquait la nullité de prouver la

fraude. Si nous supposons cette preuve faite,
une autre question se présente : le contrat
sera-t-il réputé non avenu, ou se contentera-
t-on d'annuler tout ce qui revêt le caractère
de libéralité? C'est à ce dernier parti qu'on
s'était arrêté. Ainsi l'un des conjoints a cédé
à l'autre un immeuble avec l'intention réelle
de vendre, mais lui a fait remise de la plus
forte partie du prix ; la vente sera valable,
mais la remise sera annulée jusqu'à concurrence de l'enrichissement de la femme (L. 5
Par. 5 Dig. Eod. Tit.) Pomponius cite cette
autre application de la même règle : « Si deux
esclaves valent chacun cinq, et qu'un époux
les ait vendus à son conjoint moyennant une
somme totale de cinq, en vue de lui faire une
donation, le mieux est de dire que les deux
esclaves leur appartiendront en commun. »
(L. 31 Par 2 Dig. Eod. Tit.)

11. Un cas de déguisement qui se rapproche beaucoup de la simulation d'une vente
est celui qui consiste à estimer les biens
plus ou moins qu'ils ne valent ; nous avons
déjà parlé de cette hypothèse singulière en
ce qu'elle est soumise à la prohibition,
même quand la fausse estimation a été antérieure au mariage, la sanction était la faculté laissée à l'époux réclamant d'exiger le

bien en nature (L. 7 Par. 5 Dig. Eod Tit.).

.42. Enfin on pouvait constituer une donation par l'effet d'une simple négligence; celui qui par exemple jouissait d'une servitude active pouvait se dispenser de l'exercer et la laisser ainsi s'éteindre par non usage (L. 5 Par. 6 Dig. Eod. Tit.) L'acte était considéré comme une donation et annulé, l'époux avait la condiction pour exiger le rétablissement de la servitude ou en réclamer la valeur (Savigny Tr. du Dr. Rom. T. IV. Append. ix, xi.) Le résultat était le même quand l'époux dont le droit était garanti par une exception ou une réplique, se laissait condamner en jugement au profit de son conjoint. (L. 5 Par 7 Dig. Eod. Tit.) (Savigny. Tr. de Dr. Rom. T. IV, Append. ix, xi.

43. Neratius dans la loi 44 de notre Titre au digeste, règle un espèce analogue : la femme possède un bien qui lui a été cédé par un étranger mais qui appartient réellement en propriété à son mari.

44. Nératius suppose d'abord la bonne foi des deux époux; ils ignorent la propriété du mari, évidemment alors on ne peut voir aucune donation, une des conditions essentielles fait défaut, l'intention du donateur.

15. La seconde partie de la loi est absolument incompréhensible si on conserve la ponctuation trouvée dans presque tous les manuscrits, nous la rapportons ici pour plus de clarté dans les explications « Sed si vir rescieret suam rem esse priusquam usacapiatur vindicareque eam poterit, nec volet, et hoc et mulier noverit, interrumpetur possessio : quia transiit in causam ab eo factæ donationis ipsius mulieris scientia. Proprius est, ut nullum adquisitioni dominii ejus adferat impedimentum ; non enim omnimodo uxores ex bonis virorum, sed ex causa donationis ab ipsis factæ adquirere prohibitæ sunt. »

Le jurisconsulte paraîtrait en effet énoncer une seule hypothèse, pour laquelle il indiquerait deux solutions contradictoires. Après avoir dit que la connnaissance du véritable propriétaire par le mari et la femme constitue à la négligence du mari le caractère d'une véritable aliénation, il ajouterait que du reste il ne s'ensuit aucun obstacle à l'acquisition de la propriété par la femme ; cette contradiction serait tout à fait inexplicable.

Aussi convient-on généralement de changer la ponctuation du texte afin d'en modifier le sens, mais on se divise sur le procédé. Les uns, tels que Pothier (Pandect. Par. xix. Note 3. De Don. int. vir. et uxor.) lisent : an possessio interrumpetur quia, et placent un point d'interrogation après ipsius mulieris scientia. D'après le texte ainsi modifié, Nératius commencerait par poser la question de savoir si la connaissance du propriétaire par le mari et la femme sont un obstacle à l'usucapion, et il répondrait : « Proprius est, ut nullum etc.» Cette nouvelle leçon du texte ne nous satisfait pas plus que la première; car Neratius se trouverait ainsi proposer une objection qui n'en est pas une «quia transiit in causam ab eo factæ donationis ipsius mulieris scientia » d'après ce texte ainsi ponctué, ce qui pourrait empêcher l'usucapion ce serait la mauvaise foi de la femme; or cette cirsconstance est au contraire indifférente, car d'un côté « mala fides superveniens non impedit usucapionem », d'un autre côté, ce qui constitue la libéralité c'est l'intention du mari d'enrichir la femme à ses dépens.

On a imaginé de diviser le texte difficultueux en deux parties; la première qui traiterait l'hypothèse où le mari et la femme sont tous deux de mauvaise foi, elle s'arrêterait à ces mots : *factæ donationis :* l'acte serait alors considéré comme donation et soumis à la nullité; dans la seconde partie on supposerait seulement la mauvaise foi survenant chez la femme, et on déciderait qu'il y a là une veritable usucapion, indépendante de la volonté du mari. Cette dernière interprétation nous paraît la meilleure puisque c'est elle qui fournit les décisions les plus raisonnables (Savigny, *Dr. rom.* t. 4, Ap., IX, X. — Boutry, *Ess. sur l'hist. des don. entre époux,* n° 79).

46. Il reste dans cet ordre d'idées une hypothése à examiner, celle où le mari seul avait connaissance de sa propriété ; devant le silence de Neratius que faut-il décider ? Deux systèmes sont en présence; dans les deux on laisse également l'usucapion produire son effet; mais l'un donne une *condictio* au mari pour recouvrer la valeur de sa chose jusqu'à concurrence de l'enrichissement de sa femme, l'autre ne le restitue contre aucun des effets de l'usucapion. C'est la première opinion que nous adopterons; nous ne voyons aucun motif sérieux de distinguer entre la négligence qui donne lieu à l'usucapion et celle qui entraîne l'extinction d'une servitude ou l'abandon d'un droit dans un pro-

cès; on a prétendu, il est vrai, que la com-
plaisance du propriétaire laisse au possesseur un avantage beaucoup moins certain ;
il se pourrait en effet que le revendiquant
eût, faute de moyen de preuve, échoue dans
sa prétention; l'avantage est aussi moins
solide en ce que la femme, si elle vient à être
dépossédée par des tiers, perdra tout le bénéfice de l'usucapion. (Savigny, *Tr. de dr.
rom.*, t. 4, append. IX VI.) Mais ne doit-on
pas raisonner sur une situation normale,
c'est-à-dire supposer que le propriétaire a
le moyen de faire triompher son droit? Et
de ce que la négligence du mari ne causera
pas toujours un enrichissement à la femme,
en résulte-t-il que quand cet enrichissement
se sera effectivement produit, il doive être
validé? On a encore allégué cette autre raison que la négligence du mari n'eût pas été
suffisante pour constituer le droit de propriété de la femme, celle-ci y a joint un certain temps de possession légale; or il serait
injuste de la priver d'un bénéfice qu'elle doit
à elle-même autant qu'à son mari. Cet argument ne nous persuade pas encore; la part
contributive de la femme dans l'acquisition
nous paraît chose indifférente, c'est ainsi
que nous avons admis sans balancer la nul-

lité de l'acte quand le mari s'est laissé condamner faute d'invoquer une exception ;
cependant la femme a agi, sans quoi le mari
n'aurait jamais eu l'occasion de faire valoir
une exception. Ce qu'il faut examiner, c'est
si l'opération a les trois caractères que nous
avons signalés : l'intention du donateur, son
appauvrissement, et l'enrichissement du
donataire, nous les rencontrons dans notre
hypothèse, elle rentre par conséquent dans
la prohibition (Boutry, n° 77, *Op. cit.*).

47. Savigny pour rester logique avec lui-
même n'accorde pas non plus de *condictio*
au mari qui a laissé s'éteindre une action
par la prescription, car il était encore exposé
à perdre son procès. Cependant il nous
semble ici qu'il y a encore une raison de
moins pour refuser la *condictio* au mari, car
la femme a été absolument étrangère à cette
prescription de l'action ; c'est la négligence
du mari qui a été la seule cause du bénéfice qu'elle en a retiré (Boutry, Op. cit. n° 80)

DONATIONS PERMISES.

48. La règle de la prohibition souffrait
quelques exceptions, dues à ce que dans certains cas on ne rencontrait pas les motifs

qui avaient inspiré la nouvelle législation.
Ainsi les libéralités testamentaires étaient
permises; ce sont pourtant bien des donations, mais ce qui est aussi vrai, c'est qu'elle
sont essentiellement révocables, qu'elles
peuvent être tenues secrètes, et ainsi ne pas
donner lieu à la captation, ni être un sujet de
débats intéressés pendant le mariage; si elle
ont été entachés de ces vices, le donateur a
un moyen bien facile d'en effacer l'effet, c'est
d'annuler la disposition. Enfin elles ne s'exé-
cutent qu'au moment du décès du donateur,
et par conséquent de la dissolution du mariage. (Loi 9 par. 2 et loi 10 *Dig. Eod. Tit.*)

49. Toutefois nous ferons observer que
si la prohibition des libéralités entre époux
ne s'étendait ni aux legs, ni, comme nous le
verrons plus loin, aux donations à cause de
mort, ces avantages trouvaient un obstacle
dans les lois rendues sous Auguste et connues
sous le nom de lois Caducaires. Les lois
Julia et Papia Poppæa frappaient les céliba-
taires d'une déchéance complète de leurs
droits dans les successions qui s'ouvraient à
leur profit, et privaient les hommes mariés
sans enfants, et les femmes également ma-
riées n'ayant pas trois ou quatre enfants, de
la moitié de ces mêmes droits. Les lois ré-

glaient en même temps la situation respective des époux relativement à la succession
du prémourant ; elles fixaient une sorte de
quotité disponible entre époux. Considérées à
ce point de vue, on les désigna sous le nom
de lois Décimaires, parce qu'elles restrei-
gnaient dans certains cas la part de l'époux
a un dixième.

Nous n'entrerons pas dans les nombreuses
catégories arbitrairement crées par ces lois ;
nous en ferons seulement connaître les points
principaux qui suffiront à renseigner sur
l'esprit de cette législation. D'abord la *solidi
capacitas* était acquise à la femme aussi bien
qu'au mari quand il existait un enfant commun au jour du décès du prémourant des
deux époux, ou quand ils en avaient eu un,
décédé seulement après avoir atteint l'âge de
puberté. Si l'enfant commun était mort
avant cet âge, la *solidi capacitas* restait acquise aux époux pendant le délai d'un an et
demi. (*Règles d'Ulpien*, Titre XVI, Par I.)

Supposons maintenant une union stérile :
si les époux n'avaient eu aucun enfant d'un
précédent mariage, ils ne pouvaient s'abandonner mutuellement en pleine propriété
qu'un dixième de leurs biens, et en usufruit
le tiers. Pour ceux qui avaient des enfants

d'un précédent mariage, ils étaient habiles à recueillir dans la succession de leur époux en pleine propriété autant de dixièmes plus un, qu'ils auraient d'enfants. (*Règles d'Ulpien*, Titre XV.)

Comme on le voit, ces lois n'avaient pas du tout pour but de protéger les enfants ou plus généralement, les parents réservataires, contre l'entraînement où la captation des époux, puisque c'est précisément en présence d'enfants que la quotité disponible s'augmentait; le législateur ne visait qu'à favoriser la procréation des enfants légitimes.

Un système aussi dangereux devait disparaître, cependant il tint assez longtemps; la partie de ces lois relative aux époux survécut même à celle qu'on désigne plus particulièrement du nom de lois Caducaires. Les lois Décimaires ne furent supprimées que par une constitution des Empereurs Honorius et Théodose, reproduite par Justinien dans son Code (Loi 2, L. VIII Titre 58 *De Infirm. pœnis*).

50. Ainsi que nous l'avons annoncé plus haut, sont valables au même titre que les libéralités testamentaires, les donations à cause de mort (Loi 9, Par. 2 et Loi 10 Dig. Eod. Tit). Il y avait les mêmes raisons pour une semblable décision; cependant il faut ici faire une distinction. Les donations à cause de mort ne sont pas toutes validées entièrement. Le droit Romain en reconnaissait deux espèces ; celles qui produisaient un résultat immédiat avec condition de résolution pour le cas où le donataire ne survivrait pas au donateur, et celles qui ne se réalisaient qu'au moment du prédécès de ce dernier; celles-ci devaient être entièrement permises puisque leur effet se reportait au moment de la dissolution du mariage, c'est-à-dire au moment où toute libéralité était devenue licite, mais la solution est beaucoup moins simple pour les autres donations (Pand. de Pothier *de Don. Int. Vir. et Uxor* n° XX.)

D'abord il est certain qu'elles ne pourront pas, comme entre étrangers, produire leur effet du vivant du mariage, elles tomberaient sous le coup de la prohibition ; la tradition qu'interviendra n'entraînera point translation immédiate de propriété, l'obligation contractée par le donateur ne l'enchaînera pas avant la dissolution du mariage, mais ces donations ne procureront-elles pas un plus grand avantage que celles qui ont été conventionnellement reportées au décès du donateur ? (Loi 11, Par. 1, *Dig.* Eod. Tit).

Pour tenir compte dans une certaine mesure de l'intention du conjoint donateur, les Romains avaient imaginé une idée de rétroactivité dans les donations immédiates sauf résolution en cas de prédécès du donateur ; celui-ci, en vertu de la rétroactivité, était considéré à la mort du donateur comme ayant été propriétaire ou créancier du jour où était intervenue la donation ; cette fiction avait une très-grande importance, l'exemple qui en est le plus souvent proposé est celui de la donation d'un esclave ; si cette donation ne devait produire d'effets qu'à l'époque de la mort du donateur, les acquisitions faites par l'esclave depuis le jour de la donation jusqu'au décès, appartiendraient au donateur ; si au contraire par l'idée de rétroactivité la donation se trouve fictivement reportée au jour où elle a été consentie, toutes les stipulations faites par l'esclave, toutes ses acquisitions passeront avec lui au patrimoine du donataire (Jovelenus, Loi 20, *Dig.* Eod. Tit).

Toutefois on trouve certains textes qui paraissent contredire cette théorie ; Ulpien dans la loi 11 principale de notre titre au

Digeste dit : « Medio igitur tempore domi-
« nium remanet apud eum, qui donavit. »
D'autres textes nient formellement la rétroactivité dans quelques hypothèses. C'est
que la rétroactivité n'était qu'une fiction ;
dans le passage célèbre que nous avons reproduit, Ulpien veut seulement dire qu'il
n'y a pas transmission immédiate de la
propriété. il ne préjuge en rien l'idée de
rétroactivité dont l'application varie du reste
suivant les circonstances ; car cette fiction
n'a été adoptée que pour les cas où elle est
utile, on la repousse quand elle est susceptible de préjudicier ; on a ainsi une explication toute naturelle des textes qui refusent
de la consacrer dans certaines hypothèses.
Ainsi un mari a fait à sa femme une donation à cause de mort, au moyen d'une personne interposée, que nous supposerons,
pour plus de simplicité, être un fils placé
sous sa puissance. Ce fils. devenu père de
famille au jour du décès du donateur, était
alieni juris au moment de la donation ;
pour pouvoir transmettre valablement le
bien donné à la femme, il n'a dû en être
rendu maître que du jour où il a été capable
d'acquérir par lui-même, c'est-à-dire du jour
du décès du donateur ; autrement la dona-

tion eût été nulle puisque le fils de famille formait au point de vue du patrimoine, une seule personne avec le donateur. Ainsi ce cas est un de ceux où on repoussait toute idée de rétroactivite (Liv. II, Par. 2, *Dig*. Eod. Tit. Boutry, p. 44, et. 23.)

51. Les donations *causa divortii* étaient encore valables ; il semble qu'il y ait contradiction entre ces deux idées de divorce et de confirmation de la libéralité ; n'eût-il pas été plus rationnel de supposer le repentir chez le conjoint donateur. C'est ce qui avait effectivement lieu dans les divorces ordinaires, c'est-à-dire arrivant *cum ira animi et offensa*. Mais le divorce n'était pas toujours occasionné par un ressentiment entre les époux, il se produisait quelquefois *bona gratia*, pour cause de religion ou de maladie. Alors l'époux divorçant afin d'accorder une compensation à son conjoint avait l'habitude, au moment de la rupture, de lui constituer une donation ; c'est ce qu'on permettait sous le nom de *donatio divortii causa* (Lois 60, 61, 62, *Pr. Dig*. Eod. Tit.) (Pothier, *Pand. De Don. Int. Vir et Uxor*. par. 24, note 1).

52. On pouvait aussi faire à son conjoint une donation *causa exilii* (Liv. 63, *Dig*.

Eod. Tit). Un époux, sur le point d'être déporté, était habile à recueillir de son conjoint
une libéralité en vue de la déportation.
Même à l'époque où certainement le mariage n'était pas rompu par la condamna-
tion à la déportation, les jurisconsultes validaient la libéralité appliquant ainsi leur idée
de ne pas traiter avec rigueur les rapports
des époux entre eux.

52 (*bis*.) La donation était sans difficulté
permise au conjoint du condamné, mais ce
dernier était-il réciproquement autorisé à
avantager son conjoint avant son départ?
C'est une question controversée. On peut
dire pour l'affirmative : le conjoint innocent,
digne de plus de faveur que l'autre, ne doit
encourir aucune punition. Mais on répond
avec raison que son sort est moins rigoureux, qu'il est moins urgent de lui apporter
des adoucissements et surtout que les biens
du déporté appartenant au fisc, ce serait
une dérogation arbitraire à ce principe
(Loi I, Liv. 48, T. xx, *Dig.*)

Pothier qui appuie de son autorité la première opinion (Pandect, n° XXIV) se fonde
sur la loi 13, par. 1 d'Ulpien à notre titre. Ce
texte décide, en effet, que la donation à cause
de mort n'est pas annulée par suite de l'exil

du donateur ; elle reste toujours subordonnée à la volonté et au prédécès de celui-ci. Mais outre que cette hypothèse n'est pas exactement celle qui fait l'objet de notre question, nous ajouterons que peut-être cette loi d'Ulpien ne mérite pas une aussi grande influence. Cujas (*Obserb. et Emend.* Livre III, chap. X) pense qu'elle a subi une grave modification : « cui legi manum adhibuit suam « Tribonianus. » Le changement aurait précisément eu pour but de mettre la loi en harmonie avec une constitution de Constantin décidant que la donation entre époux n'est pas annulée par la déportation du donateur (Machelard, *Textes du Dr. Rom.*, p. 244, nº 1). Ce qui domine c'est donc le droit du fisc, de réclamer les biens appartenant au condamné.

53. Les libéralités étaient aussi permises entre époux quand elles avaient pour but de subvenir aux charges du mariage ; ainsi la dot pouvait être augmentée et même constituée pendant le mariage. La *donatio ante nuptias* introduite avec les mêmes caractères que la dot, fut bientôt admise au cours du mariage et prit le nom de *Donatio propter nuptias* (*Instit. de justitia*, L. II, titre VII, par. 3.)

54. Enfin il existe encore un acte qui, malgré son apparence de donation, ne rentre pas dans la règle prohibitive ; nous voulons parler de l'abandon de la possession d'un bien au profit de la femme suivant les paroles de M. Savigny. « La possession ne forme « jamais la matière d'une donation véritable « car de sa nature la possession est un fait, « et non un droit. » L'epoux commence une nouvelle possession en sa personne et détient le bien *pro possessore et non pro donato* (Machelard, *Textes de Droit romain*, pages 16, 17 et 244).

CHAPITRE III.

SANCTION DE LA PROHIBITION.

55. Une sanction sévère protégeait la règle de la prohibition. Tout acte portant le caractère de libéralité entre époux était entaché d'une nullité absolue. Nous en avons la preuve dans les expressions énergiques du texte : « Sciendum est, ita interdictam inter « virum et uxorem donationem, ut ipso jure « nihil valeat quod actum est. (Loi 3. par. 10, *Dig. Eod. Tit.*.

Sous quelque mode que se fût formée la libéralité, elle était nulle. Seulement cette nullité s'exécutait quelquefois d'elle-même, sans aucun recours à une autre voie de droit comme dans le cas où l'avantage résultait d'une stipulation ou d'une acceptation ; quelquefois au contraire elle nécessitait une action en justice telle que la *condictio* ou la *vindicatio*, quand par exemple il y avait eu tradition. Le principe était donc général, mais son application variait suivant les différentes formes de la libéralité.

1° *Donation par tradition.*

56. Ulpien, dans le même par. 10 de la
loi 3, continue en ces termes : « Proinde si
« corpus sit, quod donatur, nec traditio
« quicquam valet. » La tradition n'avait
donc aucun effet translatif de propriété; le
conjoint donateur conservait la propriété
avec toutes ses prérogatives; l'accipiens n'acquérait qu'une possession de fait qui ne lui
servait même pas de fondement pour usucaper. (Loi 46, *Dig. Eod. Tit.*) Si l'objet livré
restait dans le patrimoine du donataire, le
donateur avait toujours la faculté de le revendiquer. Seulement l'action en revendication subissait dans ses effets quelques modifications. Ainsi le conjoint donataire n'était
pas exposé au *jusjurandum in litem*, tandis
qu'il appartenait au revendiquant ordinaire
d'apprécier lui-même, dans les limites fixées
par le juge, l'intérêt qu'il avait à conserver
sa propriété. L'époux est au contraire obligé
de se contenter d'une estimation basée sur
la valeur réelle. Cette exception vient de ce
qu'un conjoint donateur n'est pas exempt
de faute, il est dans une certaine mesure res-

ponsable du préjudice qu'il éprouve puisque c'est lui-même qui, contre la défense des lois, a livré la chose entre les mains du détenteur actuel. La revendication était encore affaiblie à d'autres égards; un propriétaire revendiquant dans les conditions ordinaires reçoit le prix de l'estimation de sa chose; celle-ci devient la propriété du défendeur et reste à ses risques et périls ; au contraire l'époux donateur, en échange du prix de l'objet revendiqué. doit, comme un vendeur promettre la garantie, seulement on applique encore ici la maxime *res non sunt amare tractandæ*, la caution n'est pas comme dans la vente du double du prix, mais du simple (L. 36 Pr. *Dig. Eod. Tit.*) Pothier, Pandect. par. 51, notes 1 et 2).

57. Si la donation a porté sur des matériaux et que ces matériaux aient été incorporés par son conjoint à un édifice, quelle action pourra exercer le conjoint donateur? Il n'y avait pas de difficulté quand ces matériaux pouvaient être retirés sans dommage aucun pour l'édifice, le propriétaire avait l'action *ad exhibendum* ; il était encore libre de les retirer dans le cas où l'édifice avait été détruit.

La difficulté apparaît quand l'édifice est

intact et que les matériaux ne peuvent être repris sans entraîner la ruine de la construction. La loi des Douze Tables défendait au propriétaire de matériaux d'agir *ad exhibendum* contre le constructeur ou tout au moins d'exiger la restitution en nature, elle accordait en échange l'action *de tigno juncto* contre celui qui s'était servi de matériaux volés : pourrait-elle être considérée comme privant également le conjoint donateur du droit d'exercer l'action *ad exhibendum* ? Nératius était d'avis de lui laisser cette action, parce que, disait-il, la loi des Douze Tables s'applique uniquement au cas où les matériaux ont été employés sans le consentement du propriétaire. Cette opinion de Neratius résulte de la loi 63 de Paul au *Dig. Eod. Tit.*, dans laquelle on s'accorde à transposer les mots *quia* et *quamvis* l'un à la place de l'autre. (Pothier, Pand., par. 51, note 3).

Paul critique cette décision ; l'esprit de loi des Douze Tables suivi généralement par les jurisconsultes romains était de s'opposer à la destruction des édifices, cependant comme dans le cas de donation le *tignum* n'était pas *furtivum* Paul n'accorde pas au donateur l'action *de tigno juncto* de la loi des Douze

Tables, mais seulement l'action en revendication après la destruction de l'édifice, peut-être lui laissa't-il la faculté d'exercer s'il le préférait, la *condictio* jusqu'à concurrence de l'enrichissement du donataire. (Loi *Dig. Eod. Tit.*) (Pothier, *Pand.*, par. 51, notes 3 et 4).

58. Une autre conséquence de ce que le donateur restait propriétaire était de lui laisser la chose à ses risques et périls et en même temps de lui conserver tous les accroissements dont elle était susceptible.

C'est lui qui profitera des augmentations par alluvion ou par toute autre accession. Si le donataire d'un terrain y élève un édifice, cet édifice deviendra avec le sol la propriété du conjoint donateur, sauf récompense jusqu'à concurrence du montant de la plus value ou des dépenses de construction ; le donataire est en effet assimilé à un constructeur de bonne foi, s'il n'ignore pas l'existence du véritable propriétaire, il a au moins l'excuse de travailler sous ses yeux et de son consentement ; de plus c'est une nouvelle application de la règle de modération recommandée dans les questions d'intérêts entre époux (Loi 31, par. 2, *Dig. Eod. Tit.*)

D'un autre côté la chose diminue aussi aux

dépens du donateur, resté propriétaire; si
elle périt autrement que par le dol du donataire, et sans l'avoir enrichi, avec elle disparaît le droit du donateur « *Ejus qui dedit,
est detrimentum* » (Loi 28, *princ. Dig. Eod.
Tit.*)

59 La chose peut être sortie du patrimoine du donateur, après y avoir laissé une
plus value; nous supposons qu'elle a été
consommée et qu'il y a lieu d'opposer au
donateur la règle « *Extinctœ res non vindi-
cari possunt* », va-t-il rester sans ressources?
Nullement. Quand le propriétaire perd l'action en revendication, il lui reste la *condictio*,
action personnelle qu'il exerce contre le donateur jusqu'à concurrence de son enrichissement. Cette condictio est qualifiée de
condictio *sine causa* ou *ex injusta causa.*
(Savigny, *Dr. rom.*, t. 4, par. 163.) En effet,
le conjoint retient sans cause, ou pour cause
illicite, le bien du donateur. (Loi 5, par. 18 et
loi 6. Dig. Eod. Tit.) Le donateur avait recours à cette condictio lorsque, par exemple,
les pièces de monnaies, objet de sa libéralité,
étaient confondues avec d'autres dans le patrimoine de son conjoint ou qu'elles avaient
servi à l'achat d'un objet quelconque.

60. Mais 1° à quelle époque fallait-il se

placer pour évaluer l'enrichissement et quelle base devait-on prendre?

61. 1° Quant à l'époque, on pouvait hésiter entre celle de la *litis contestatio* et celle du jugement ; une loi d'Ulpien ne laisse à ce sujet aucun doute (l. 7, Dig., Eod., Tit.) « Et verum est, litis contestatæ tempus spectari oportere. » On ne tient aucun compte des augmentations survenues dans l'intervalle qui sépare la *litis contestatio* du jugement ; les parties ne doivent jamais souffrir ni profiter des lenteurs de la procédure.

62. 2° Comment évaluer l'enrichissement? Lorsqu'au moment de la *litis contestatio* la libéralité avait enrichi le donataire dans une proportion égale à l'appauvrissement du donateur, il n'y avait pas de difficulté sur la valeur à restituer ; mais, au contraire, l'enrichissement pouvait avoir été supérieur ou inférieur ; s'il avait été inférieur, par exemple, une chose achetée avec l'argent donné avait péri partiellement ou diminué de valeur, le donataire ne restituait que *quatenus locupletior erat* ; mais c'était à lui de faire la preuve de cet amoindrissement. Si, au contraire, il avait augmenté la valeur de ce qui lui avait été donné, il ne

devait cependant rendre à son conjoint que
le montant de l'estimation au moment de la
donation, et c'était justice; quelle raison
y aurait-il eu d'enrichir le donateur des pro-
fits du donataire, dont il n'était que le
créancier ? (Loi 7, par. 3. Dig., Eod., Tit.)

Certains cas présentaient plus de difficultés ; d'abord on peut supposer l'insolvabilité du donataire ; ne dira-t-on pas alors
qu'il ne peut s'être enrichi puisqu'il ne possède rien ? Ce raisonnement n'a pas prévalu
avec raison, car pour apprécier l'opération,
on ne doit pas envisager le résultat final dans
l'ensemble du patrimoine, mais considérer
l'effet distinct de l'acte de donation ; on
peut comprendre que la donation ait augmenté ou diminué le passif tout aussi bien
que l'actif du patrimoine du donataire (l. 25,
Dig., Eod., Tit.)

Et même les jurisconsultes, pour sauvegarder les droits du donateur, lui réservaient
en cas d'insolvabilité du donataire, une sorte
de privilége sur les autres créanciers ; au lieu
d'être réduit à un simple prorata, il avait le
droit d'invoquer une *vindicatio utilis*, s'il
retrouvait les objets acquis avec l'argent
donné (l. 25.) Dans tous les cas, que la
femme se servit de la condictio ou de la vin-

dicatio utilis, elle était plus favorisée qu'avec l'action *rei uxoriæ*, car celle-ci était affaiblie à l'égard du mari par son bénéfice de compétence. (Pothier. Comment., par. 56, n. 5, et Cujas. Resp. Julii Pauli, de Don. Int. Vir et Uxor.)

Si la chose achetée a produit des avantages séparés, ils entreront en compte dans l'estimation. Ainsi, un esclave acquis des deniers du conjoint donateur a diminué personnellement de valeur, mais a reçu depuis la donation un legs ou une hérédité, cette plus-value doit être appréciée. (Loi 21, par. 5. Dig., Eod., Tit.)

63. Le conjoint donateur avait encore d'autres ressources pour recouvrer les valeurs dont il s'était appauvri ; ainsi le mari, lors de la dissolution du mariage, s'il était actionné en restitution de la dot, pouvait sur cette dot retenir *res donatas*; c'était une des causes de rétention permise. (Règles, Ulpien, t. 6, par. 9.)

Si un mari et une femme se sont fait des libéralités réciproques, que l'un d'eux ait dépensé ce qui lui avait été donné, et que l'autre l'ait conservé, l'époux enrichi devrait, d'après les règles énoncées plus haut, être obligé de restituer le montant de son enrichissement, tandis que l'autre ne serait tenu à aucune restitution. L'empereur Adrien a rejeté cette conséquence des principes et décidé que les donations seraient compensées. (Loi 7, par. 2. Dig., Eod., Tit.)

2° Donation par promesse ou acceptilation.

64. Si la donation consiste dans une promesse faite par l'un des conjoints, cette promesse n'a aucun résultat. « Et si stipulanti promissum est, vel accepto latum, nihil valet, » le stipulant n'a pas d'action pour faire exécuter la stipulation ; c'est un des cas où il n'y a pas besoin de recourir à un moyen de droit particulier pour détruire l'effet de la donation. (Loi 3, § 10. — Loi 5, § 4, *Dig. Eod. Tit.*).

65. Il en est de même si un des époux a voulu libérer gratuitement son conjoint débiteur par une acceptilation, ou un pacte de *non petendo* ; si le débiteur est actionné en vertu de la créance remise, il ne pourra invoquer le pacte ni l'acceptilation, il sera tenu comme par le passé. (L. 3 § 10).

Les textes font une application particulière de cette règle, dans l'hypothèse d'une dette frappant en même temps un conjoint et un étranger *correi*. Si l'acceptilation est consentie au conjoint lui-même, la nullité de l'acte préjudiciera en même temps à l'étranger *correus*; si au contraire elle est adressée à l'étranger, elle n'est à son égard entachée d'aucun vice, et, d'après les principes, elle devrait entraîner la libération de l'époux débiteur lui-même. Mais ici on fait intervenir la prohibition des libéralités entre époux, et contre les principes généraux de l'acceptilation, on restreint ses effets à la personne de l'étranger (Loi 5, § 1er, *Dig. Eod. Tit*).

On a toutefois essayé de concilier le respect des principes avec celui de la prohibition ; dans ce but on a imaginé de dire que si l'acceptilation, ne peut pas produire son effet absolu sur la dette, elle est nulle comme acceptilation ; mais que, faite au tiers *correus*, elle contient au profit de celui-ci un pacte *de non petendo* dont ne profite pas l'époux débiteur ; cette idée est appuyée par la loi 8, (*de accept.* et la loi 3, § 3, *De Lib. leg.* Dig.), qui donnent cette solution dans des hypothèses analogues (Voêt, *ad Pand. De Don. Int. Vir et Uxor*, n° 8 *in fine*. — Boutry, n° 71).

Nous pensons que si les *correi* sont *socii*, l'acceptilation faite au tiers débiteur devra profiter au conjoint, puisque l'effet de la remise est alors inséparable ; si la femme restait obligée, elle aurait un recours contre son codébiteur, ce qui est inadmissible.

3° *Donations par délégation.*

66. Supposons qu'un mari, pour faire une libéralité à sa femme, lui délègue un de ses débiteurs ; celui-ci, sur l'ordre du mari, verse le montant de sa dette entre les mains de la femme, que résultera-t-il de cette opération ?

Africain, appliquant les principes dans toute leur rigueur, décide que rien n'est valable, le débiteur du mari n'est pas libéré, il conserve la propriété des écus qu'il a transmis à la femme et peut les réclamer au moyen d'une *vindicatio* ou à défaut, d'une *condictio* selon que l'argent est encore ou n'est plus dans le patrimoine de la femme ; si le mari l'actionne il est obligé d'exécuter son obligation ou tout au moins de lui opposer une exception de dol en lui offrant la *condictio* ou la *vindicatio* qu'il a contre la femme (Loi 38, § 1er *De Sol. Dig.*).

Mais pour la même hypothèse nous voyons Ulpien donner une solution toute contraire dans la loi 3, § 12, Dig. *Eod. Tit.* S'appuyant sur l'autorité de Celse, il décide que le débiteur est libéré et que la somme remise à la femme appartient au mari. Comment expliquer cette contradiction ? On arrive à l'aide d'autres fragments d'Ulpien et d'Africain, à comprendre la différence de leur doctrine; Ulpien, dans la loi 3, analyse la délégation du mari ; il y voit d'abord le paiement fait par le débiteur à son créancier, le mari ; ce paiement est entièrement valable ; dès lors le mari est propriétaire des écus, il cherche par une donation à les transmettre à la femme, c'est à cette nouvelle opération que met obstacle la prohibition des libéralités entre époux la conséquence est que le mari reste malgré lui propriétaire des écus ; Ulpien admet en effet que si la donation n'avait pas été prohibée, le paiement eut passé du débiteur au mari et du mari à la femme, « *nec novium aut mirum esse, quod per alium accipias te accipere* ». C'est ce raisonnement que repousse Africain, jurisconsulte d'une époque antérieure à celle d'Ulpien, il ne conçoit pas que le mari acquière sans tradition la propriété des écus.

On trouve dans d'autres fragments du Digeste des traces certaines de cette différence de doctrines. Ainsi pour la formation du *mutuum* les deux jurisconsulte traitent l'hypothèse où un mandant consent à prêter à titre de *mutuum* à son mandataire des sommes dont celui-ci est comptable envers lui ; Africain soutient que le *mutuum* ne s'est pas formé, car c'est un contrat réel, et il n'y a pas dans l'espèce translation de propriété puisque le mandant n'a pas fait tradition des écus à son mandataire. Ulpien s'élève à une conception plus large du *mutuum* ; pour lui la convention jointe au fait de l'enrichissement de celui à qui on veut prêter suffit pour former un *mutuum*, la condition de la *datio* se trouve à ses yeux ainsi réalisée ; dans notre hypothèse la libération du mandataire lui procure à ce titre un enrichissement, par conséquent une *datio* (L. 34, pr. Liv. 17, T. 1.—L. 15, Liv. 12, T. 1, Dig.). On voit que c'est une application analogue des deux doctrines opposées d'Africain et d'Ulpien (Machelard, *T. de Dr. Rom.* § 245, et 21. — Savigny, *T. de Dr. Rom.*, T. IV, Append. X, n°s 4 et 5).

DEUXIÈME PARTIE.

LÉGISLATION POSTÉRIEURE AU SÉNATUS-CONSULTE D'ANTONIN CARACALLA.

67. Tel fut pendant longtemps à Rome, l'état des donations entre mari et femme. à une liberté dangereuse avait succédé une prohibition gênante ; autrefois un des époux poussé par la cupidité pouvait abuser de son influence pour dépouiller complètement celui qui se livrait avec trop de confiance ; depuis la prohibition les intentions les plus raisonnables étaient annihilées. Les inconvénients de ce nouvel ordre de choses ne furent pas inaperçus ; autrefois les mœurs avaient réagi d'elles-mêmes, plus tard, l'autorité des empereurs, qui s'était substituée à l'influence de la coutume, vint adoucir la rigueur du droit sur les donations entre époux : « *ut aliquid laxaret ex juris rigore*, » (L. 32, Pr. Dig. *Eod. Tit.*). Un sénatus-consulte rendu sous le règne de Septime Sévère et sur la proposition de l'empereur Antonin décida que

les donations entre époux non révoquées re-
cevraient à la mort du donateur leur effet
entier.

Cette origine historique est contestée; des
interprètes prétendent que l'innovation est
l'œuvre de deux senatus-consultes successifs
rendus, le premier par Septime Sévère, applicable seulement à certaines donations, le
second par Antonin, qui généralisa la nouvelle règle. La question nous semble suffisamment éclaircie par la loi 32 (Dig. *Eod.
Tit.*) d'Ulpien, jurisconsulte contemporain
des deux empereurs. Il rapporte en propres
termes que la modification fut établie par un
senatus-consulte rendu sur la proposition de
l'empereur Antonin, avant la mort de
l'empereur Sévère, son père ; c'était sans
doute, au moment où Antonin et Sévère
étaient associés à l'empire ; on ne trouve
nulle part d'allusion à un décret complé-
mentaire. Cet historique explique en même
temps comment les textes peuvent attribuer
le senatus-consulte tantôt à Septime Sévère,
qui était le chef suprême de l'empire, tantôt
à Antonin qui était le véritable auteur de
l'innovation, tantôt aux deux empereurs
sous le règne desquels elle a été introduite.
(Pothier, *Pand.* § 73, note 2, — Savigny,

Droit Rom. T. 4, § 164. — Machelard, *T. de Droit Rom.* § 269, note 1).

Nous examinerons sur ce sénatus-consulte quatre questions :

1º A quelles personnes il s'applique?

2º Quels en sont les effets?

3º Quelles donations il comprend ?

4º Comment et dans quels cas sont confirmées les donations?

CHAPITRE PREMIER.

A QUELLES PERSONNES S'APPLIQUE LE SÉNATUS-CONSULTE.

68. Il s'étend à toutes les personnes qui avaient été comprises sous la prohibition, c'est-à-dire non-seulement au mari et à la femme, mais encore à toutes les personnes entre lesquelles il y a, avec l'un des époux, unité de biens (l. 32, § 16, Dig., *Eod. Tit*). Et si un beau-père par exemple fait une donation à son gendre, il faut pour sa validité que non-seulement le prédécès du conjoint arrive sans révocation, mais encore le prédécès du donateur (l. 32, § 16, Dig., *Eod., Tit.*).

CHAPITRE II.

QUELS EN SONT LES EFFETS.

69. Le but du sénatus-consulte avait été, comme nous l'avons dit, d'assurer un certain effet à l'intention de l'époux donateur, on ne voulait pas en même temps retomber dans l'ancien abus. Aussi met-on certaines conditions et certaines limites à la nouvelle faculté. D'abord les donations ne reçurent jamais leur effet du vivant du donateur; en outre au décès de ce dernier elles ne furent considérées comme implicitement confirmées par lui, qu'autant que la volonté de donner était restée permanente dans son esprit; jusqu'à son décès l'époux pouvait révoquer sa donation ; et même on supposait la révocation dans des cas où, sans avoir été exprimée, elle apparaissait manifestement : ainsi quand le mariage était dissous par le divorce survenu *non bona gratia.* C'était donc en quelque sorte une donation entre-vifs transformée en une donation à cause de mort (Savigny, *tr. de D. R.*, t. 4, § 164).

70. Les donations entre époux assimilées aux donations à cause de mort, devaient être soumises aux mêmes règles ; la réduction de la loi Falcidie fut effectivement étendue aux donations entre époux (l. 32, § 1). Cependant Justinien ne les considera pas absolument comme des donations à cause de mort ; il se contenta pour leur validité d'un simple pacte, comme il s'en contentait à l'égard des donations entre-vifs ; de plus il ne leur assura la rétroactivité au jour de la convention, qu'en leur imposant la formalité de l'insinuation dans les cas où elle était nécessaire pour les donations entre-vifs, c'est-à-dire si elles excédaient 500 solides. Lorsque cette formalité avait été omise, la donation n'était valable que jusqu'à concurrence de cette somme (l. 25, Code *de Don.*, int. *Vir et Uxor.*).

CHAPITRE III.

QUELLES DONATIONS COMPREND LE SÉNATUS-CONSULTE.

71. Le sénatus-consulte se motivait lui-même en ces termes : « Fas esse, eum qui-
« dem qui donavit pœnitere : heredem vero
« eripere forsitan adversus voluntatem su-
« premam ejus qui donaverit, durum et
« avarum esse » (l. 32, § 2, Dig., *Eod. Tit.*).
D'après ces expressions il semble que le donataire ne pouvait triompher contre l'héritier que s'il avait déjà reçu l'objet de sa libéralité ; on ne peut arracher un bien qu'à
quelqu'un qui en a déjà la possession ; de là
une grande controverse sur la portée du sénatus-consulte.

72. On pourrait comprendre qu'il ne
s'appliquât, en effet, qu'aux donations déjà
suivies d'exécution, l'intention du donateur
est en apparence beaucoup plus déterminée
quand il a déjà fait livraison de son bien que
quand il l'a seulement promis ; dans ce der-

nier cas il paraît s'être réservé un mode plus
prompt de révocation ; aussi le sénatus-consulte fut-il interprété de cette façon par plusieurs jurisconsultes, et même par le plus
célèbre d'entre eux, Papinien ainsi que nous
le rapporte Ulpien dans la loi 23 de notre
titre au Digeste : « Papinianus recte puta-
« bat orationem divi Severi pertinere ad
« donationes rerum. »

D'après Ulpien, Papinien réservait donc
l'application du sénatus-consulte aux *donationes rerum*, c'est-à-dire aux donations suivies de tradition ; quant aux donations par
simple promesse, elles ne conféraient aucun
droit au donataire contre les héritiers ; mais
cette doctrine fut-elle particulière à Papinien, ou devint-elle la doctrine générale
des jurisconsultes Romains, c'est ici que se
divisent les interprètes.

Les textes du Digeste semblent consacrer
à la fois ces deux idées opposées ; ainsi d'un
côté on trouve beaucoup de textes d'Ulpien
appliquant le sénatus-consulte d'Antonin
avec toute la généralité qu'il peut comporter,
d'un autre côté nous trouvons un texte du
même jurisconsulte paraissant approuver la
distinction de Papinien. Certains interprêtes ont cherché à concilier ces contradic-

tions par l'explication historique que nous avons combattue : d'après eux il y aurait eu deux sénatus-consultes, l'un de l'empereur Sévère qui ne comprenait que les *donationes rerum*, et auquel fait allusion Papinien, l'autre qui embrassait même les donations par simple promesse, et auquel se réfèrent les termes généraux des dispositions d'Ulpien ; nous ne revenons pas sur les motifs qui nous ont conduit à rejeter cette donnée historique.

Il nous faut donc opter pour un des systèmes qui admettent, comme point de départ, la contradiction dans les textes d'Ulpien, et chercher quelle a dû être la véritable opinion de ce jurisconsulte.

Nous croyons que la pensée d'Ulpien était très-générale, qu'il appliquait l'innovation des empereurs à toute espèce de libéralités ; en effet de nombreux textes où il traite la question de son propre chef sans se référer à un autre jurisconsulte, ne font aucune distinction. on n'aperçoit même aucune trace d'hésitation dans les termes employés.

C'est d'abord la loi 32, § 1 au Dig., « Ora-
« tio autem imperatoris nostri de confir-
« mandis donationibus non solum ad ea
« pertinet, quæ nomine uxoris a viro com-

« parata sunt , sed ad omnes donationes
« inter virum et uxorem factas ; ut et ipso
« jure res fiant ejus cui donatæ sunt, et
« obligatio sit civilis ». Ce texte consacre de
deux manières la généralité du sénatus-consulte : d'abord par ces expressions *ad omnes
donationes*, ensuite par les suivantes : « *ut
obligatio sit civilis* ». Il montre en effet par
là que pour lui le sénatus-consulte confirme
même les stipulations formées pendant le
mariage, et leur donne une sanction ; l'obligation est civile, c'est-à-dire revêtue de toute
sa force légale.

C'est ensuite le paragraphe 23 de la même
loi 32, dans lequel Ulpien cite, comme
exemples de donations susceptibles de confirmation, celles qui ont consisté dans une
tradition et celles qui se sont produites sous
la forme de remise d'une obligation ; puis,
suivant un méthode familière aux jurisconsultes de tous les temps et de tous les pays,
il conclut par une formule générale embrassant toutes les hypothèses comprises
dans la règle ; c'est ainsi qu'il proclame la
validation par le senatus-consulte de toutes
les libéralités *quas impediri diximus* ; or,
nous avons vu que de l'aveu de tout le
monde, le prohibition comprenait non-seule-

ment les donations par tradition ou acceptilation, mais encore toutes les autres espèces
de donations, sous quelque forme qu'elles
fussent exécutées, même par stipulation.
En citant expressément l'acceptilation, Ulpien repousse la théorie d'après laquelle le
senatus-consulte ne se rapporterait qu'aux
donationes rerum ; il s'est borné à cet exemple
parce qu'il eut été fastidieux d'énoncer toutes
les hypothèses, la formule générale suffisait ;
l'acceptilation avait d'ailleurs un caractère
particulièrement intéressant en ce qu'on aurait pu élever un doute à raison de son caractère d'acte légitime qui, comme on le
voit, ne permettait pas de la subordonner
à un terme ou à une condition ; Ulpien réfute facilement cette objection en disant
que ce n'est point l'acceptilation même, mais
son effet qui sera en suspens ; la nullité de
la condition ou du terme dans ces actes légitimes tenait aux rigueurs de la formule ;
quand ces modes n'étaient qu'implicites,
l'acceptation était valable, seulement son efficacité restait en suspens (Papin. loi 77, *de
reg. juris Dig.*).

Enfin, Ulpien, dans la loi 33 de notre titre
au Dig., fait une application incontestable de
la règle, dans une hypothèse qui, d'après

nous, ne présente en réalité rien de spécial ;
il suppose que l'un des époux a stipulé de
l'autre une rente annuelle, et sa décision est
très-nette en faveur de notre opinion : pendant le mariage, la prohibition empêche
tout effet ; mais la dissolution arrivant par
le prédécès du donateur, la conséquence du
sénatus-consulte est de donner à l'autre
époux une action pour sanctionner la stipulation.

Tous ces textes d'Ulpien, soit qu'ils présentent la règle dans son universalité, soit
qu'ils énoncent des applications diverses,
semblent se corroborer les uns les autres.
Pour soutenir dans un système opposé que
le sénatus-consulte n'a trait qu'aux *donationes rerum*, nos adversaires sont obligés de
torturer le sens de toutes ces lois, et encore
ne parviennent-ils pas à se mettre d'accord
sur la signification à leur attribuer.

Ils réfutent l'argument tiré des expressions générales de la loi 32, en soutenant que
cette loi ne fait que poser la question ; le
senatus-consulte s'applique, il est vrai, *ad
omnes donationes*, mais que faut-il entendre
par cette expression, c'est là le point débattu.
Cette réfutation n'est pas sérieuse. Les mots
omnes donationes, signifient toute espèce de

donations, et non pas seulement toutes les donations réelles. Le sens de ces mots devrait au contraire nous éviter la controverse.

Quant à la loi 33 qui confirme la validité de la stipulation d'une rente annuelle, Pothier, l'un des partisans du système adverse, ne l'étend pas aux autres obligations; il ne donne même pas à la confirmation toute la force contenue dans les termes de la loi; il veut se borner à valider l'exécution qui a déjà été faite de la promesse; pour l'avenir aucune action n'est accordée au donateur (*Pandecte*, pa. 73. note 2). Mais cette restriction n'est justifiée par aucun texte, loin de là : Ulpien déclare que si la femme a stipulé une pension, elle ne peut pas agir en vertu de cette stipulation pendant le mariage. Cet acte ne recevra donc une certaine force juridique que si on laisse à la femme le pouvoir d'agir après la mort de son mari.

Si nous insistons en montrant qu'Ulpien précise sa pensée dans la loi 32 par l'addition de ces mots : « Ut et ipso jure res fiant ejus cui donatæ sunt, et obligatio sit civilis. » On répond en cherchant à cette dernière expression un sens différent de celui que nous lui avons donné. Les uns l'appliquent à l'acceptilation, les autres (Pothier, *Pand.*, n° 76 et n° 1, et Cujas, t. IV, p. 1140, Respons. Papin). à une cession de créance qui ne deviendrait valable qu'au moment du décès du donateur. C'est là s'écarter singulièrement du sens le plus naturel des mots. Peut-on dire de l'acceptilation qu'elle constitue une obligation civile quand, au contraire, elle a pour but de la supprimer ? La seconde explication n'est pas plus vraisemblable, ce n'est pas une nouvelle obligation qui prend naissance par la *procuratio in rem suam*. Le *procurator* agit en vertu de la créance existant au profit du mandant, et n'a aucun droit par lui-même, du reste, cette explication pénible de deux mots si simples serait bien divinatoire.

L'argument le plus sérieux de nos adversaires est celui qu'ils trouvent dans l'apparente approbation donnée par Ulpien au système de Papinien. Nous ne pouvons lui opposer une réponse directe, ni supprimer ces mots : *Papinianus recte putabat*. Mais en présence de nombreux textes du même jurisconsulte, formels dans le sens opposé, nous pensons qu'il y a là une erreur : pour savoir d'où elle provient, nous sommes abandonnés aux conjectures, mais ces con-

jectures n'ont rien d'invraisemblable. Le
mot *recte* peut avoir été inséré par les com-
pilateurs du Digeste pour obéir à un édit
impérial qui enlevait toute autorité aux com-
mentaires d'Ulpien sur Papinien et donnait
en cas de contradiction entre les deux jurisconsultes la prépondérance aux avis de ce
dernier; cette conjecture est appuyée par les
documents de la Glose. Ou bien le mot ap-
probatif s'appliquait peut-être seulement à
la confirmation par Papinien des *donationes
rerum*, sans préjudice de la pensée d'Ulpien
relative aux autres donations. Enfin le doute
disparaît entièrement au temps de Justinien ; la Novelle 162, ch. Ier valide toutes les
donations. (Savigny, *Dr. rom.*, t. IV, p. 164.
— Machelard, p. 272 et s. s. — Boutry,
n°s 93 et s. s.)

LIBÉRALITÉS EXCEPTÉES DE LA CONFIRMA-
TION.

73. Nous avons dit que le but du *Senatus-
Consulte* était d'assurer un effet à la libéralité des époux lors du décès du donateur,
si celui-ci était resté dans les mêmes inten-

tions à l'égard du conjoint, c'est à dire sans révoquer sa donation ; dans ce cas elle était valable parce qu'on la réputait confirmée par l'époux au moment de son décès ; on conçoit donc que cette présomption de confirmation pouvait se trouver quelquefois en défaut ; tantôt la donation était annulée par une révocation directe ; tantôt les événements postérieurs à la libéralité contredisaient ouvertement et par suite anéantissaient la présomption de confirmation.

1° Révocation. — **74.** Le but du *Senatus-Consulte* était de ne permettre les donnations entre époux qu'avec liberté entière pour le donateur de se repentir ; jusqu'au dernier moment celui-ci avait le droit de modifier son intention, et c'était sa volonté suprême qui l'emportait.

75. La Révocation pouvait être expresse ou tacite ; quand elle était expresse il ne s'élevait aucun doute sur la nullité de la donation ; toute action était refusée au donataire pour obtenir l'exécution de sa libéralité, la tradition accomplie était non avenue ; enfin tout se passait comme pour les donations entre époux antérieures au *Senatus-Consulte d'Antonin*; si la volonté de révoquer était douteuse, le juge devait confir-

mer la donation. (L. 32 Par. 3 et 4, Dig.
Eod. Tit.)

76. La révocation tacite faisait quelquefois naître des difficultés d'interprétation ;
plusieurs hypothèses, fréquentes dans la
pratique Romaine, ont été examinées par
les jurisconsultes.

Ainsi ils décidaient que la donation était
révoquée quand elle était suivie d'une aliénation de l'objet donné par le donateur (L. 12,
Code L. 5 T. 10.): et même il n'était pas
besoin, comme dans la matière des legs, de
vérifier si l'époux avait eu en aliénant *l'ani-*
mum adimendi, l'aliénation était toujours
une révocation tacite.

La question était plus délicate dans le cas
de constitution de gage et d'hypothèques sur
le bien donné: (Ulpien L. 32 Par. 5 Dig. Eod.
Tit.) commence par établir en principe que
le mari, en engageant ce qu'il a donné à sa
femme, a révoqué sa libéralité; «utique eum
pœnituisse dicemus, licet dominium reti-
nuit». Puis il admet que le question d'intention puisse se poser, et voit une présomption de confirmation dans la circonstance
que la femme a conservé la possession pré-
caire ; elle a le choix alors d'abandonner le
gage aux créanciers ou de les désintéresser, et

dans ce cas elle pourra, en leur opposant l'exception de dol se faire céder leur action pour
se retourner contre son mari. Enfin dans le
dernier état de la législation Romaine Justinien décide que la constitution d'hypothèque n'entraîne jamais révocation de libéralité
(Novelle 162 Chap. 1er)

Une difficulté analogue se présentait encore dans l'espèce suivante qui devait être
très-fréquente à Rome : un esclave était
donné par un des époux à l'autre, et cet
esclave était institué pour héritier par l'époux
donateur, soit avant, soit après la donation ; quelle sera l'influence de l'institution sur le sort de la libéralité faite au con-
oint ? Ulpien (L. 22 Dig. Eod. Tit.) résout
la question par des distinctions fondées sur
les cirsconstances. Si l'institution a eu lieu
avant la donation, c'est la donation qui
doit prévaloir ; si l'esclave a été institué
postérieurement à la libéralité, l'institution, dans le silence du donateur, loin de révoquer la libéralité, profitera à l'époux donataire en lui procurant, avec l'esclave, l'hérédité à laquelle celui-ci est appelé ; mais
il faudra tenir un grand compte des circonstances pour apprécier l'intention de l'époux
donateur et voir s'il n'a pas institué l'esclave

dans l'intention de révoquer sa donation.
S'il a formellement déclaré se repentir, c'est
en réalité une révocation directe. la donation
est annulée.

77. Parmi les événements qui empêchent
la confirmation on peut citer à côté de la révocation la survenance du divorce, Ulpien dans
la loi 32 Par. 10 au Dig. Eod. Tit. procède
comme nous l'avons déjà vu faire à propos de
la constitution de gage ; il déclare au commencement, qu'en cas de divorce, on s'en tien-
dra à l'ancien droit, c'est-à dire que les libéralités seront nulles, puis il rappelle que les
divorces peuvent être inspirés par des sentiments très-divers. «Plerique cum bona gratia discedunt, plerique cum ira sua animi et
offensa ;» dès lors le mari est libre par une
manifestation expresse de sa volonté de
maintenir la donation.

Enfin, on observait encore d'autres
nuances ; ainsi Ulpien déclare que la survenance d'un simple refroidissement n'empê-
chera pas la donation d'être confirmée si ce
refroidissement vient à cesser. (Loi 32, § 12,
Dig. *Eod. Tit.*) Et même si on suppose que
les époux, après une donation, ont divorcé,
puis se sont réconciliés, la donation, d'après
le même Ulpien, peut être validee, *potest*

defendi valere. (Loi 32, § 11, Dig. *Eod. Tit.*)

On sait en outre que dans le prémier état du droit romain, les Romains avaient le droit d'imposer le divorce à leurs enfants ; ce pouvoir leur fut enlevé par un rescrit de S. Sévere et d'Antonin Caracalla ; et cependant si on suppose que le beau-père, après avoir fait une libéralité, ait envoyé le *repudium*, malgré le maintien du mariage, ce beau-père a suffisamment manifesté son intention de révoquer toutes libéralités faites à son gendre ou à sa bru : ce *repudium* est une cause de nullité. (Loi 32, § 19, Dig. *Eod. Tit.*)

78. Un autre obstacle à la confirmation était le prédécès du donataire, la libéralité était réputée adressée à la personne même du donataire, c'était encore une analogie avec la donation à cause de mort. Le plus souvent il s'écoulera un certain espace de temps entre les deux décès du donateur et du donataire ; dans cette espèce la règle recevra une application facile.

79. Mais il peut arriver que les deux époux soient victimes d'un même accident, sans qu'il soit matériellement possible de découvrir lequel des deux a survécu ; par exemple ils ont tous les deux trouvé la mort

dans le même naufrage, dans le même in-
cendie; quel va être le sort de la donation?
Ulpien examine la question et la résout en
faveur des héritiers du donataire; la libéralité est confirmée comme par le prédécès du
donateur. (Loi 32, § 14, Dig. *Eod. Tit.*) Ulpien appuie sa doctrine sur un argument de
mots tiré du Sénatus-Consulte plutôt que
sur un raisonnement logique; d'après lui la
validité de la donation dans notre espèce est
une conséquence des termes du Sénatus-
Consulte; il a annulé la donation *si prior
vita decesserit, qui donatum accepit;* or, on
ne peut pas dire que le donataire soit prédécédé, puisqu'il s'agit de *commorientes*; ce
raisonnement ne nous parait pas mériter la
faveur qu'on doit généralement attacher aux
écrits d'Ulpien; le Sénatus-Consulte n'a pas
en réalité prévu la difficulté, il faut donc la
résoudre en dehors de ses termes, et en se ré-
férant seulement aux principes. Or, quelle
est la situation? La libéralité faite par l'un
des époux à l'autre n'a, pendant le mariage,
reçu aucune force, elle a été comme non
avenue, c'est donc aux héritiers du donataire
que devrait incomber le fardeau de la preuve;
puisque ce sont eux qui réclament quelque
chose de nouveau; cependant Paul et Mar-

cien sont d'accord avec Ulpien sur la solution, et il ne se manifeste à ce sujet dans les
textes romains aucune trace de controverse;
mais nous croyons que le motif invoqué par
Ulpien ne doit avoir ici aucune influence;
c'est en vain qu'on s'autoriserait de l'analogie existant entre les donations entre
époux et les donations à cause de mort;
pour celles-ci, il est vrai, leur validité en cas
de mort simultanée des deux parties est incontestable, mais c'est qu'aussi malgré la si-
militude apparente, la situation diffère essentiellement, le donataire est déjà muni de son
droit, ce sont donc les héritiers du donateur qui élèvent une prétention et qui, par
conséquent, doivent être chargés de la
preuve. Ce que l'on peut dire de plus exact
pour défendre la théorie des jurisconsultes
romains, c'est qu'on l'a admise par faveur
pour les libéralités entre époux, et que c'est
une nouvelle application de la maxime *Res
inter conjuges non sunt amare tractandœ.*

80. Les difficultés résultant du prédécès
du donataire pouvaient se compliquer quand
l'un des époux avait gratifié, non pas son
époux, mais une personne dont le patrimoine se confondait avec celui de cet époux;
par exemple, c'est une bru qui a fait une

donation à son beau-père; si le Leau-père
prédécède, la donation sera-t-elle révoquée
ou le mari ayant formé unité de biens avec
son *pater familias* sera-t-il considéré lui-
même comme donataire et appelé à ce titre
à recueillir les biens donnés, s'il survit à sa
femme? Il était d'autant plus logique de lui
laisser le profit de la donation, que c'était
en considération de sa propre personnalité
que la donation était soumise aux règles des
libéralités entre époux. Aussi la législation
romaine suivait-elle une distinction très-
raisonnable. Si le mari était l'unique héritier de son père, la donation ne devenait
pas immédiatement caduque par application du Sénatus-Consulte la femme était
libre de revendiquer les biens donnés, mais
quand elle n'agissait pas, elle était considérée comme faisant à son mari une nouvelle donation des mêmes biens et le mari
les acquérait en cas de survie. S'il n'était
pas héritier, la donation au prédécès du
beau-père était annulée, elle ne passait pas
à un héritier étranger, car c'était principalement en vue des liens du mariage qu'elle
était présumée avoir été consentie. (Loi 32,
§ 18, Dig. *Eod. Tit.*)

81. Ulpien après avoir traité la question

qui se présente en cas de mort simultanée des deux époux, examine les résultats de la servitude venant à les frapper ensemble ou séparément.

A Rome, quand un citoyen était réduit en captivité, on l'assimilait en principe à un *servus*; mais pour adoucir les conséquences de cet esclavage souvent excusable, on avait imaginé deux fictions : 1º celle de la loi *Cornélia* d'après laquelle le Romain prisonnier qui n'avait pu revenir dans la Cité, était réputé mort au début de sa captivité. 2º Celle du *Post-Liminium*, d'après laquelle le captif, de retour à Rome, était considéré comme ayant toujours joui de ses droits de citoyen romain ; toutes les conséquences de son esclavage étaient effacées. En combinant ces fictions avec les règles propres aux libéralités entre époux, on arrive facilement aux solutions. Supposons d'abord que les deux époux aient été réduits simultanément en captivité : s'ils ne reviennent ni l'un ni l'autre, ils sont au point de vue romain des *commorientes*, et leurs donations sont valables ; si l'un d'eux seulement revient, il jouit de la libéralité à lui faite par son conjoint comme s'il était survivant ; s'ils sont de retour tous deux, on applique purement et simplement les règles ordinaires ; enfin, pour toutes les espèces que l'on peut imaginer la combinaison du Sénatus-Consulte avec les fictions de la loi *Cornélia* et du *Post-Liminium* présente toujours la même facilité. (Loi 32, § 14, Dig. *Eod. Tit.*)

Si, au contraire, il s'agissait d'un esclavage ordinaire, par exemple l'un des époux s'est laissé vendre comme esclave, ou a été condamné à une peine capitale, la donation en principe serait nulle, car ou c'est le donateur qui a perdu le droit de disposer de ses biens au moment de son décès, ou c'est le donataire qui n'a plus celui de recevoir. Cependant on avait admis que la femme dont le mari était condamné à la déportation, conserverait son droit aux biens donnés, s'il ne survenait pas de révocation. (Loi 32, § 6, Dig. *Eod. Tit.*)

TROISIÈME PARTIE

DES SECONDS MARIAGES.

82. La liberté de disposer présente un danger particulièrement grave, quand l'un des époux a déjà des enfants d'un précédent mariage : on peut craindre que l'intérêt de ces enfants ne soit pas suffisamment défendu contre l'influence du nouvel époux, et que si la loi n'y met ordre, ils ne soient privés de tout recours dans le patrimoine de leur propre ascendant.

83. Cependant longtemps la législation romaine ne prit à ce sujet aucune mesure de protection ; sous la République les bonnes mœurs suffisaient à défendre l'intérêt des enfants ; dans les premiers temps de l'Empire on poussait par tous les moyens à la procréation des enfants légitimes ; aussi se garda-t-on d'établir des lois restrictives de la capacité des époux convolant en secondes noces. Jusqu'au Bas Empire on trouve qu'une disposition de nature à faire obstacle aux subséquents mariages; la femme ne pouvait, sous peine d'infamie, se remarier dans les dix premiers mois de son veuvage. (Loi 2 Code *de sec. nupt.*) La législation du Bas-Empire subit heureusement l'influence morale du Christianisme. D'abord en 381 les empereurs Gratien, Valentinien II et Théodose Ier portèrent à un an le délai que la veuve devait laisser passer sans se remarier. (Loi 2 Code *de sec nupt.*)

§ 1. On doit aux mêmes empereurs une constitution plus importante, désignée ordinairement par ses premiers mots *Feminæ quæ*, et rendue l'année suivante; ce fut une première protection accordée aux enfants d'un précédent mariage; il fut interdit à la femme ayant convolé en secondes noces, de disposer des biens donnés par son premier mari en faveur d'autres que des enfants issus de son mariage avec cet époux donateur. (Loi 3 Code *de sec. nupt.*); la femme n'avait donc plus qu'un usufruit, grevé de la nue-propriété au profit de ses premiers enfants; toutefois elle avait le droit de la répartir entre eux à sa mort comme bon lui semblerait; de même si un de ses enfants du premier mariage venait à décéder, les biens qu'elle recueillait de sa succession étaient assujettis à la même règle ; elle était obligée d'en laisser la nue-propriété aux frères germains du prédécédé.

85. Par compensation Théodose II et Honorius en 422 crurent devoir protéger aussi les enfants des secondes noces, en leur attribuant un droit exclusif sur les biens provenus à la femme de la libéralité du second époux ; la disposition était moins urgente, car évidemment la situation des enfants du dernier mariage est beaucoup moins dangereuse puisqu'ils ne sont pas en proie à l'hostilité d'un beau-père ; c'était pour contrebalancer la faveur dont jouissaient leurs frères utérins appelés à profiter seuls des biens donnés ou légués à leur mère par le premier mari. (Loi 4 Code *de sec. nupt.*)

En 444 Théodose II et Valentinien II étendirent les effets de la Constitution *Feminæ quæ* au veuf remarié (Loi 5 Pr. *de sec. nupt.* Code) et par la même constitution ils permirent aux enfants d'un premier lit de recueillir les biens laissés par le premier mourant à son conjoint sans venir à la succession du prédécédé. (Loi 5 § Ier).

Justinien changea la législation ; dans la Novelle 2 chapitre 12 et la Novelle 22 chapitre 25, il retira à l'époux survivant la fa-

culté de distribuer suivant sa fantaisie entre
ses enfants du premier lit, les biens qu'il tenait de son conjoint prédécédé; les enfants
eurent une part égale dans la nue-propriété.
Dans la Novelle 2 chapitre 3 Justinien dé-
clara encore que l'aliénation de ces biens
avant le convol aurait ses effets suspendus
du jour du second mariage, pour ne valoir
que si tous les enfants du premier lit décé-
daient avant le conjoint aliénateur.

86. Par les dispositions précédentes on
avait voulu assurer aux enfants d'un premier mariage le maintien de leurs droits
sur les biens du parent prédécédé, mais on
avait laissé au survivant toute liberté sur
son propre patrimoine ; les empereurs chré-
tiens ne bornèrent pas là leur œuvre de protection.

Déjà en 380 Théodose 1er et Valentinien
défendirent à la veuve remariée avant le
délai légal de donner à son nouvel époux
au-delà du tiers des biens donnés ou légués
par le premier. (Loi 1re *de sec. nupt.* Code).

87. Une constitution bien autrement
importante par ses effets et la durée de son
influence est celle que l'on connaît sous le
nom de Constitution *hac edictali*.

Cette constitution rendue en 467 par les

empereurs Léon et Anthenius, interdit à l'époux survivant ayant des enfants d'un premier mariage, de donner à son second époux une part plus grande que celle de l'enfant le moins prenant (Loi 6 Code *de sec. nupt*); les empereurs ordonnaient, dans le cas où cette quotité serait dépassée la réduction au profit exclusif des enfants qu'ils avaient entendu protéger.

Justinien par la constitution *quoniam* décida que la réduction profiterait à tous les enfants du disposant (Loi 9 Code *de sec. nupt.*); puis dans la Novelle 22 chapitre 1er il revint à l'ancienne règle. (Nov. 22 chapitre 1er).

88. Si nous avons à regretter beaucoup d'hésitation dans les vues législatives de cet empereur, nous devons en revanche le louer d'une disposition essentiellement morale et équitable, qu'il rendit au profit du conjoint survivant; nous voulons parler de la quarte du conjoint pauvre; dans la Novelle 53 chapitre VI, il prévoit le cas où un des conjoints prédécédé laisserait de grands biens, mais sans avoir fait aucun legs ni aucune donation au profit de son conjoint survivant; celui-ci, s'il est sans ressources, *in novissima inopia*, pourra réclamer le quart de ces biens, et, en cas d'existence d'enfants, ce quart seulement en usufruit; dans la Novelle 117 chapitre V Justinien ne maintient ce secours qu'au profit de la femme. Cette modification, souvent critiquée, peut se défendre par cette observation que le mari est beaucoup plus apte que la femme à se créer des ressources pour assurer son existence.

Quoi qu'il en soit Justinien a toujours le mérite d'avoir mis en lumière une idée dont beaucoup d'auteurs regrettent aujourd'hui l'absence dans notre Code.

ANCIEN DROIT FRANÇAIS

89. Pendant l'époque antérieure à la Révolution, la France, soumise à un nombre infini de coutumes, se divisait législativement en deux régions désignées sous le nom de Pays de Droit écrit et Pays de Droit coutumier. Sur tout le territoire, la coutume formait également la loi; mais dans les pays du Midi, les coutumes n'avaient pas été rédigées officiellement; les lois romaines servaient, pour ainsi dire, à titre d'usages, de droit commun; de là le nom de *Pays de Droit écrit*. Dans le reste de la France, les usages, empruntés plus souvent au droit germanique et féodal qu'au droit romain, devinrent de véritables lois locales; elles furent l'objet d'une rédaction officielle, et on ne recourut au droit romain que d'une façon tout accessoire. On donna à cette contrée le nom de *Pays de Droit coutumier*. Trouvant cette division bien marquée pour notre sujet, nous examinerons successivement les deux législations.

PAYS DE DROIT ÉCRIT.

90. Dans ces pays, nous remarquons naturellement une grande analogie avec ce que nous avons vu dans les derniers temps de Rome sur les donations entre époux.

D'abord, on ne les permettait pendant le mariage qu'avec la restriction imposée par le sénatus-consulte d'Antonin Caracalla, c'est-à-dire qu'elles étaient essentiellement révocables au gré du donateur et dépendaient de la survie du donataire.

91. On prétendit même, après l'ordonnance de 1731 prohibant les donations à cause de mort, que les donations entre époux étaient englobées dans la suppression. Ce système, fondé sur la grande analogie de ces deux genres de libéralités, était le résultat d'une confusion. Les donations entre époux n'étaient pas des donations à cause de mort; elles s'en rapprochaient dans leurs effets, mais précisément l'article 3 de l'ordonnance n'avait trait qu'à la forme. Voici ses termes littéraux : « En sorte qu'il n'y ait à l'avenir, dans nos Etats, que deux formes de disposer de ses biens à titre gratuit, dont l'une sera celle des donations entre vifs, et l'autre celle des testaments et des codicilles. » (Pothier. *Don. entre mari et femme*, par. 6.)

92. Les pays de droit écrit avaient aussi conservé la disposition qui assurait au conjoint pauvre le quart de la fortune du prédécédé, et même on ne limita pas cette faveur à la femme, comme l'avait fait Justinien dans la *Novelle*, 117 ; on la rétablit au profit du mari. (*Nov.*, 53, ch. VI.)

93. Le conjoint n'était d'ailleurs jamais restreint, lors de la dissolution du mariage, au montant de la dot qu'il avait apportée. Le mari, qui pendant l'union jouissait des revenus des biens de sa femme, devait lui restituer non-seulement l'intégralité de son apport, mais encore ce qu'on appelait l'*Augment*, c'est-à-dire une partie de ses propres biens, proportionnelle à la valeur de la dot dont il avait profité. Quelquefois cette proportion était réglée dans le contrat de mariage, elle dépendait alors de la volonté des parties ; à défaut de pareille convention, elle était généralement fixée à un tiers en cas de dot mobilière, et à la moitié si la dot était immobilière. (Argou. Inst. au Dr. francais, liv. III, ch. X.)

S'il n'y avait pas d'enfants du mariage, la

veuve avait la pleine propriété de l'Augment ; s'il en existait, l'usufruit seulement, avec cette exception que si elle ne convolait pas en secondes noces, elle aurait le droit de disposer de l'Augment pour une part virile, calculée d'après le nombre des enfants. Ce privilége accordé à la fidélité, était la reproduction d'une idée contenue dans le chapitre III de la Novelle 117, de Justinien.

Le mari jouissait du même droit sous le nom de *Contre-Augment*. On peut ainsi observer que dans les pays de droit écrit l'égalité entre les deux époux était respectée davantage que dans le dernier état du droit romain.

94. Il était, comme à Rome, défendu à la veuve de se remarier pendant l'année de deuil ; cependant, celles qui avaient des enfants du premier lit, pouvaient être dispensées par lettres du prince des peines qui sanctionnaient cette obligation, à la condition d'abandonner la moitié de tous leurs biens aux enfants du premier lit ; telle était du moins la législation admise par les Parlements des pays de Droit écrit, celui de Bordeaux excepté. (Argou. Inst. au Dr. fr., liv. III, ch. XVIII.)

95. Ce n'était pas la seule protection qui

fut accordée aux enfants d'un premier lit.
Quand le conjoint survivant se créait une
nouvelle famille par un second mariage, il ne
pouvait enlever les biens qu'il avait recueillis
de son premier époux aux enfants issus de
leur union ; la loi ne lui laissait que l'usufruit.
Les enfants avaient droit aux gains nup-
tiaux de leur auteur prédécédé, et par conséquent aux biens composant l'Augment ou
le Contre-Augment, en leur qualité d'enfants
et non pas d'héritiers ; ils n'étaient donc
nullement forcés, pour recueillir ce bénéfice, d'accepter la succession de leur père
ou de leur mère. (*Nov.*, 22. Ch. 26. Par. 1er.)
(Argou. Op. Cit. Liv. III, ch. X.)

Le père ou la mère survivant n'avait pas
non plus le droit de distribuer les biens provenant du premier époux par portions inégales entre les enfants nu-propriétaires ; on
conservait ainsi la décision des *Novelle*, II,
chap. I et XXII, ch. 25.

96. L'influence de la constitution *Hac
Edictali* s'était aussi maintenue ; les avantages que le conjoint pouvait faire à son second mari, ou à sa seconde femme ne devaient pas excéder la part de l'enfant le
moins prenant ; l'Augment était un gain
nuptial, on le soumettait à cette limite ; la

part était calculée sur celle auquel avait droit l'enfant le moins favorisé, et non pas sur ce qu'il lui convenait de prendre en fait, sauf dans les pays dépendant du Parlement de Bordeaux. (Argou. Cop. cit. liv. III, chap. XVIII.)

PAYS COUTUMIERS.

97. Dans le droit Barbare, le futur mari étant obligé d'acheter la fiancée à sa famille, le mariage entrainait nécessairement une question d'intérêt. Ce prix d'achat, *dos* ou *whergeld*, devint bientôt fictif, mais fut remplacé par un avantage que le mari faisait ordinairement à sa femme le lendemain des noces sous le nom de *Morgengabe*.

Le Morgengabe se transforma lui-même en *Douaire*, c'est-à-dire en un don qui assurait à la femme survivante un droit sur les biens composant la succession de son mari. Le Douaire, devenu par la suite une convention forcée plutôt qu'une libéralité, ne nous occupera pas plus longuement.

Pendant le mariage la plupart des lois Barbares, telle que la loi Ripuaire, la loi des Visigoths, la loi Salique, permettaient les donations même unilatérales, entre époux.

98. Quant au premier droit coutumier, les monuments de l'époque offrent une grande divergence ; Desfontaines et Beaumanoir (*Coutume de Beauvoisis*, chap. XII, *in principio*), reconnaissent la valadité des donations entre époux, au contraire les établissements de Saint-Louis ne les permettent pas.

99. Enfin, à l'époque coutumière proprement dite, c'est-à-dire depuis la rédaction officielle des coutumes, nous trouvons, à côté des règles sur le Douaire alors généralement admis, une grande sévérité dans les coutumes sur les donations entre époux pendant le mariage.

100. On distingue en effet quatre classes de coutumes ; la première comprenant les coutumes qui prohibaient entièrement les libéralités entre époux, même par testaments, à l'exception des donations mutuelles ; ces coutumes étaient les plus nombreuses et les plus importantes (Paris, Orléans) ; aussi nous les examinerons plus particulièrement. Dans la seconde classe on range celle qui permettait aux époux de disposer l'un en faveur de l'autre, par testaments, sauf quelques nuances entre ces

coutumes (Nantes, Amiens, Chartres etc).
D'autres coutumes, formant la troisième
classe autorisaient ces libéralités. par donation entre vifs ou par testaments, mais les
rendaient révocables au gré du donateur et
par le prédécès du donataire (Poitou et
Tourraine). Enfin, dans la dernière classe,
qui comprenait les coutumes d'Angoumois,
de Montfort. de Noyon et de Saint-Jean-
d'Angély, régnait la liberté la plus absolue.
Les donations entre vifs, irrévocables, étaient
libres entre époux comme entre étrangers.

1° *Prohibition de la coutume de Paris.*

101. La coutume de Paris, comme nous
l'avons vu, prohibait en principe les donations entre époux. Elle n'avait pas conservé
les règles un peu subtiles du droit Romain
sur le caractère des libéralités soumises à la
prohibition. Sauf le don mutuel dont nous
allons parler, les époux ne pouvaient se
faire aucun avantage, sous quelque forme
qu'il se présentât. La renonciation du
mari à une succession dans le but d'en faire
profiter sa femme héritière au second rang
était aussi bien prohibée que l'abandon de

tout autre droit acquis. La sévérité était même poussée un peu loin. Ainsi Pothier, après Dumoulin. considérait comme avantage tombant sous la prohibition, la clause du contrat de mariage par laquelle l'époux survivant prélèverait certains biens communs, sous la condition de tenir compte de leur valeur aux héritiers du prédécédé (Pothier, *Don. entre mari et femme*, n° 47). C'était peut-être là, dépasser le but, car cette clause s'explique par un motif très-respectable qui est celui d'assurer au conjoint survivant la conservation des objets auxquels il attache un prix spécial ; et elle n'a pas l'inconvénient de frustrer les parents de l'autre époux, puisqu'il est tenu compte de la valeur des biens prélevés.

Pour prévenir la fraude, d'une part on interdit entre époux tous les contrats même à titre onéreux, et on n'eut plus ainsi à marquer dans les contrats mixtes la division entre ce qui avait le caractère d'acte à titre onéreux et ce qui au contraire était tout gratuit. D'autre part on créa des présomptions d'interposition de personnes; ainsi le père et la mère des époux étaient présumés personnes inperposées ; ils ne pouvaient rien recevoir à titre gratuit de leur gendre ou de leur bru. Généralement les enfants qu'avait eus l'un des époux d'un précédent mariage, étaient atteints par cette présomption ; la coutume de Paris faisait exception.

Enfin, on avait étendu la règle aux concubines afin de ne pas paraître attacher une faveur à leur faute.

102. La sanction était la même que dans le droit Romain : Le donateur qui avait livré un objet corporel, pouvait intenter une action au donateur, si le bien se retrouvait en nature et s'il n'avait pas été prescrit par un tiers acquéreur ; dans le cas contraire il exerçait une action *in factum*, pour en réclamer la valeur. Ces actions appartenaient au donateur et à ses héritiers ou légataires universels sans distinction, car la nullité n'avait pas seulement pour objet de conserver les biens dans les familles ; elle était également inspirée par des considérations morales que nous avons exposées au commencement de ce travail (Pothier, *Don. entre mari et femme*, n° 52). Les héritiers ou légataires du donataire, qui se trouvaient en possession du bien donné n'étaient pas plus aptes à l'usucaper que le donataire lui-mâme, car tous avaient une possession vicieuse.

Si au lieu d'un objet corporel, il s'agissait d'une chose incorporelle, la quasi-tradition était entachée de la même nullité que la tradition; la signification faite par l'un des époux à son débiteur de la cession qu'il avait consentie de sa créance à l'autre époux, était non avenue (Pothier *Don. entre mari et femme* n° 71).

Les conjoints s'avantageaient aussi quelquefois indirectement, par exemple en exagérant l'apport de l'un d'eux dans un état de mobilier qu'ils signaient l'un et l'autre (Pothier. Op. cit. n° 79), ou en supprimant des pièces qui prouvaient des dépenses faites sur les deniers de la communauté pour l'amélioration d'un immeuble propre (Pothier, n 33). Le même auteur cite encore l'hypothèse d'un époux qui recueillant une succession, y trouve des rentes et s'entend avec le débi-rentier pour les transformer en billets portant constitution de rente à son profit et datés du temps de son mariage; ces rentes deviennent ainsi biens communs au lieu d'être des propres de l'époux qui les a recueillies. (n° 85).

2° *Don mutuel.*

103. Toutefois la prohibition s'arrêtait à la donation unilatérale ; les époux pouvaient sous certaines conditions, s'avantager par don mutuel ; quelles étaient ces conditions ?

L'article 280 de la coutume de Paris est ainsi conçu : « Homme et femme conjoints par le mariage, étant en santé, peuvent faire donation mutuelle l'un à l'autre également de tous les meubles et conquêts faits durant et constant leur mariage, et qui se sont trouvés à eux appartenir et être communs entre eux à l'heure du trépas du premier mourant desdits conjoints pour en jouir par le survivant, sa vie durant, en baillant caution suffisante de restituer les biens après son trépas, pourvu qu'il n'y ait enfants, soit des deux conjoints ou de l'un d'eux, lors du décès du premier mourant».

De cet article de la coutume se dégagent très-clairement les conditions exigées pour la validité du don mutuel. Il faut 1° qu'il soit formé entre époux unis par un légitime mariage ; 2° que ces époux soient communs en biens et que la donation porte sur les meubles et acquêts de la communauté; 3° Qu'il y ait égalité dans les chances de survie de l'un et de l'autre époux comme dans la valeur de chaque donation ; 4° Que les époux soient sans enfants au décés; 5° Enfin le don mutuel ne peut s'appliquer qu'à l'usufruit.

104. 1° Les époux doivent être unis en légitime mariage, ou au moins avoir contracté un mariage putatif, puisque alors les époux de bonne foi jouissent des mêmes droits que si le mariage n'eut pas été entaché de nullité; (Pothier, *Don. entre mari et femme* n° 145 et 146).

105. 2° Il faut que les époux soient communs en biens et que la donation porte sur les meubles et acquêts de la communauté, cette condition était exigée dans les pays de droit coutumier par suite de leur tendance à favoriser l'adoption de la communauté. On poussait les époux à ce régime parce qu'on y voyait un encouragement pour la femme à augmenter la prospérité du patrimoine commun ; or cet intérêt devait s'accroître quand par le don mutuel les époux était appelés à jouir des bénéfices et des économies du mariage non-seulement comme communs en biens mais encore comme donataires. En outre, la prohibition des donations était surtout inspirée dans notre ancien droit par l'idée de conservation des biens dans les familles, à cause de leur droit légitime aux propres de chacun des époux ; mais ce droit s'amoindrissait jusqu'à s'effacer quand il s'agissait de meubles ou d'acquêts de la communauté.

Il ne suffisait pas que la communauté existât lors du don mutuel ; il fallait encore qu'elle se prolongeât jusqu'au décès du premier mourant, puisque le don portait nécessairement sur les biens de communauté. Cette exigence entraînait quelques difficultés.

Ainsi un des époux avait stipulé pour lui une clause de forfait au lieu de sa part dans la communauté, conserverait-il le droit de faire un don sur ce forfait ? Pothier le contestait en disant notamment que ce forfait n'avait jamais fait partie de la communauté. Mais on pouvait lui répondre que représentant exactement un droit dans les biens communs, il était permis de l'y assimiler. (Don. entre mari et femme n° 148.)

Ricard et Pothier présentaient encore une autre objection contre cette solution, elle violait, suivant eux , le principe d'égalité dans l'objet du don mutuel, car peut-être les bénéfices de communauté acquis à l'autre époux lors de son prédécès n'équivaudraient pas à la somme stipulée en forfait (Pothier, Op. cit. n° 148. Introd. au Titre XV de la Cout. d'Orléans, n° 122. Ricard, *Don mutuel*, n° 163 et 164).

Cette objection perd sa force quand on a fait observer qu'il était possible de consentir le don mutuel jusqu'à concurrence de la plus faible des deux sommes, et ainsi respecter l'egalité.

Une seconde difficulté du même genre surgissait quand la femme ou ses héritiers renonçaient à la communauté. La femme survivante avait-elle droit à l'usufruit des biens qui cessant par sa renonciation d'être communs revenaient aux héritiers du mari ? De son côté le mari avait-il le pouvoir, en cas de renonciation par les héritiers de la femme, de réclamer tout de même l'usufruit des apports de celle-ci, si la reprise en avait été stipulée ? L'opinion qui prévalait était le maintien de la donation ; car, disait-on, en cas de renonciation, les apports dont la reprise a été stipulée par la femme sont considérés comme sa part dans la communauté ; dès lors, au prédécès du mari, son droit de donataire porte sur tous les biens ayant fait partie de la communauté, puisque ces biens forment simplement la part du mari (Pothier, *Don. entre mari et femme*, n° 166).

Ricard pensait que le bénéfice du don mutuel devait être réduit pour la femme à la moitié des biens, en se fondant sur ce qu'elle n'aurait pu donner à son mari qu'une moitié et qu'ils n'ont du reste eu l'intention que de s'abandonner cette moitié. Pothier réfute cet argument par une raison de fait, c'est que, en cas de renonciation par la femme, l'actif de communauté qu'elle va recevoir comme don mutuel, sera nécessairement inférieur à la somme de ses reprises; elle reçoit donc en réalité du mari moins que la moitié de l'actif brut de communauté. (Ricard *Don mutuel*, n° 174 et suiv).

De même le mari survivant pouvait prétendre à l'usufruit des apports repris par la femme ou ses héritiers, puisque ces apports composaient la part de la renonçante dans la communauté.

106. 3° La troisième condition était l'égalité dans les objets respectifs du don mutuel et dans les chances de survie. Cette condition est une conséquence nécessaire du motif de la prohibition des donations entre époux; car si on a apporté à cette prohibition une exception en faveur du don mutuel, c'est qu'il avait jusqu'à un certain point le caractère commutatif du contrat à titre onéreux.

Par suite, il y avait un cas où le don mutuel n'était plus possible c'était quand le mari avait tout donné à la femme par contrat de mariage ; en effet, si c'est la femme qui survit, elle est en vertu du contrat de mariage propriétaire de la moitié des biens comme donataire et prend l'autre moitié comme commune. Ne pouvant plus rien recevoir de son mari par don mutuel, la condition d'égalité la rend incapable de donner elle-même. Si le mari par son contrat de mariage avait abandonné à sa femme la moitié de sa part dans la communauté, il ne pourrait plus désormais donner ou recevoir à titre de don mutuel que la moitié d'une part dans cette communauté.

La sanction de cette condition d'égalité était la nullité de la donation tout entière.

Le don mutuel devait aussi, comme nous l'avons dit, être égal par rapport aux chances de survie de chacun des époux. D'après la coutume de Paris il fallait que homme et

femme fussent en santé; il y avaient des coutumes qui allaient plus loin et qui exigeaient
une certaine égalité d'âge ; dans le territoire
de la coutume de Paris, il suffisait que l'un
des époux ne fût pas en état de maladie.

107. La quatrième condition que nous
avons énumérée est celle de l'arrivée du décès du premier mourant sans qu'il y eût
d'enfant. D'abord le fait d'avoir des enfants
communs rendait le don mutuel caduc,
par crainte de rendre son usage haineux.
Si un seul des époux avait des enfants d'un
précédent mariage, le don mutuel était, *à
priori* impossible même de la part de celui
qui n'avait pas de postérité puisque à raison
de la condition d'égalité la donation ne pouvait pas être valable pour l'un des époux
sans valoir aussi pour l'autre.

108. Mais la coutume fournissait-elle
dans l'art. 281 un moyen d'échapper à cette
rigueur en cas d'existence d'enfants? Voici
cet article 281 : « Père et mère mariant leurs
« enfants peuvent convenir que leurs dits
« enfants laisseront jouir le survivant de
« leurs dits père et mère, des meubles et
« couquêts du prédécédé, la vie durant du
« survivant, pourvu qu'ils ne se remarient,

« Et n'est réputé tel accord avantage entre
« les dits conjoints. »

On voit que ce n'est point un contrat entre
les père et mère eux-mêmes, c'est une simple
convention de mariage obligeant l'enfant
doté à laisser jouir de la totalité de la communauté le survivant de ses père et mère.
L'effet est le même. Toutefois en un point
cette stipulation diffère du don mutuel:
c'est que en cas de don mutuel, le survivant
ne perd pas le bénéfice de la donation en se
remariant ; au contraire il est déchu, s'il vient
à se remarier, de l'avantage stipulé dans le
contrat de mariage de son enfant ; la raison
est que quand les époux pouvaient se faire
un don mutuel, c'est qu'il ne leur était né
aucun enfant, le donataire n'avait en face de
lui que des ascendants ou des collatéraux :
au contraire dans la stipulation son intérêt
est opposé à celui de ses propres enfants, on
ne voulait pas qu'elle pût leur causer un
trop grand préjudice. Il est vrai qu'il ne
s'agissait jamais que de l'usufruit puisque
c'était une des conditions du don mutuel ;
mais la charge de l'usufruit était évidemment très-lourde pour les enfants, quand le
père ou la mère remarié subissent l'in-

fluence d'une personne qui leur était étrangère, souvent même hostile.

109. Le don mutuel était aussi assujetti à des conditions de formes ; il se passait devant notaire, et par un seul et même acte; il était en outre soumis à l'insinuation (Art. 284, Coutume de Paris).

L'art. 284 de la Coutume de Paris déclare qu'après l'insinuation le don mutuel devient irrévocable; était-il donc susceptible de révocation avant l'accomplissement de cette formalité au moins du côté de la femme? Il est permis de le croire, l'acte n'aurait alors été considéré jusque là que comme un simple projet. On peut aussi penser que la Coutume de Paris n'a pas voulu trancher la question de révocabilité avant l'insinuation. Mais intervint plus tard l'Ordonnance de 1731 qui enleva toute espèce de doute; d'après cette ordonnance le défaut d'insinuation ne sera plus opposable par le donateur, dès lors le don mutuel devient irrévocable du jour de sa formation. (Pothier, Don. entre mari et femme, n° 173; Ricard, don mutuel, n° 72).

110. *Effets et charges du don mutuel.*— Le conjoint donataire n'avait pas la saisine des biens compris dans le don mutuel, il

devait demander la délivrance. (Art 286, C.
de Paris).

Son droit ne portant que sur l'usufruit, il
était soumis à toutes les charges de l'usufrui,
tier; ainsi il était obligé de fournir caution-
de faire inventaire, de payer les charges an-
nuëlles, de faire les avances de frais funérai-
res et des dettes de communauté dont était
grevée la part lui provenant du don mutuel :
ces avances étaient remboursées quand l'usufruit prenait fin, sans récompense des intérêts. (Pothier, Op. cit., nº 221 et s. s.).

3º *Edit des secondes noces.*

111. Dans le dernier état du Droit romain nous avons vu l'intérêt des enfants
d'un premier lit sauvegardé par deux
constitutions assez tardives connues sous
les noms de Feminæ quæ et de Hac-Edictali ; c'est également très tard que dans notre droit coutumier on s'est occupé de cette
question; jusqu'au XVIᵉ siècle nous ne trouvons à ce sujet aucune disposition formelle,
il fallut un scandale public pour émouvoir nos
législateurs ; sous François II, une femme

veuve et mère de huit enfants se maria en secondes noces, abandonnant tous ses biens à son nouveau mari. Ce mépris des devoirs maternels appela l'attention du chancelier Lhospital qui fit signer par François II l'édit des secondes noces, reproduisant les dispositions des constitutions romaines. (1560, Pothier, Tr. du Contr. de Mar. n° 532).

Cet édit fut divisé en deux chapitres ou chefs: dans le premier François II, défend à la femme qui se marie ayant des enfants d'un premier lit de donner à son nouvel époux une part plus forte que celle de l'enfant le moins prenant. D'après le second chef le mari ou la femme ne peuvent disposer en faveur du nouveau conjoint d'aucun des biens provenant du premier époux.

112. *Premier chef :* — Voici la reproduction littérale de ce premier chef :

« Ordonnons que les femmes veuves ayant enfant ou enfants, ou enfants de leurs enfants, si elles passent à de nouvelles noces ne pourront en quelque façon que ce soit donner de leurs biens, meubles, acquêts, ou acquis par elle, d'ailleurs que de leurs premiers maris, ni moins leurs propres, à leurs nouveaux maris, pères, mères, ou enfants desdits mères ou autres personnes qu'on puisse présumer être par dol ou fraude interposés, plus que l'un de leurs enfants ou enfants de leurs enfants, et s'il se trouve division inégale de leurs biens faite entre leurs enfants ou enfants de leurs enfants, les donations faites par elles à leurs nouveaux maris seront réduites et mesurées à la raison de celui des enfants qui aura le moins ».

113. Ce premier chef de l'Edit, comme on le voit, ne parlait que de la femme, la jurisprudence en étendit l'application au mari (Pothier *Tr. des don. entre-vifs*, sect. 3, § 7).

Son objet s'étendait aux donations de meubles et d'immeubles, aux donations mutuelles comme aux donations simples; pour les donations mutuelles on aurait pu tenir compte de leur caractère de réciprocité pour les soustraire aux restrictions de l'Edit; mais on a pensé avec plus de raison, que le décès de l'un des époux étant arrivé, il y avait bien alors avantage absolument gratuit pour l'autre époux, par suite spoliation des enfants communs.

Non-seulement les donations proprement dites, mais encore tous les avantages, sous quelque forme qu'ils se présentassent, étaient sujets au retranchement : ainsi les avantages résultant des conventions de mariage comme le *préciput*, et ceux qui résultaient d'apports inégaux dans la communauté.

114. Dans la crainte de la fraude, la coutume fut plus prévoyante que n'avait été le droit romain ; elle établit des présomptions d'interpositions de personnes, la donation adressée au père ou à la mère du conjoint fut soumise au retranchement, comme si elle avait été faite directement à ce dernier. La même précaution fut prise contre la donation reçue par son enfant. Toutefois, si c'était un enfant commun, on distinguait suivant que l'intention du donateur semblait avoir été de l'avantager réellement ou d'avantager son conjoint. Ainsi était sujette à réduction la donation faite à l'enfant commun qui n'était pas encore né. Quant aux frères et sœurs, la présomption variait encore davantage au gré des circonstances (Pothier *Traité des don. entre-vifs*, sect. III, art. 7, § 1e *in fine*).

115. Pour donner lieu à l'application de l'Edit, il fallait que la femme mariée eut des enfants d'un précédent mariage, et qu'ils existassent encore au moment du décès, car cet Edit n'a été rendu que pour assurer à ces enfants une part raisonnable dans la succession de leur mère remariée. S'ils prédécèdent il est évident qu'ils n'ont plus besoin de protection, à moins qu'ils ne laissent eux-mêmes une postérité.

L'Edit confère l'action en retranchement à ces enfants en qualité d'enfants; par conséquent, pour l'exercer, il n'est pas nécessaire qu'ils viennent à l'hérédité de leur mère, ils peuvent l'intenter même en cas de renonciation, si les autres conditions ne font pas défaut; ainsi elle est ouverte à la fille qui a renoncé à ses droits de succession dans son contrat de mariage en recevant sa dot (Pothier (*Don. entre-vifs*, sect. III, art. 7. § 2. — *Contrat de mariage* n° 560 à 538).

Toutefois, Ricard (n° 1305) n'admet pas que les filles renonçantes par leur contrat de mariage soient admises au retranchement; Pothier, qui ne se prononce pas sur la solution de la question dans son *Traité du contrat de mariage* décide dans celui des *Donations entre-vifs*, que quand il y a lieu elles ont l'action en réduction et profitent des biens retranchés (Ricard, *Don.* § III, n°s 1301 et suivants.

Pour exercer le retranchement, il faut, en outre, que les libéralités excèdent la part d l'enfant le moins prenant; on arrive à ce calcul en comptant par têtes, quand les enfants viennent directement à la succession ou que leurs petits-enfants, héritiers font tous partie de la même souche, et par souches quand ceux-ci ne viennent que par représentation (Pothier *Op. cit*).

116. Quand la femme a épousé successivement plusieurs maris, on interprétait l'Edit en ce sens que tous les maris collectivement ne pouvaient recevoir au delà de la part de l'enfant le moins prenant; ce n'était pas, disait-on, dans le cas où la femme se remariait plusieurs fois, qu'il était opportun de se relâcher de la protection à accorder aux enfants du premier mariage (Pothier, *Contrat de mariage*, n° 566).

116 *bis.* Le mari donataire de sa femme dans une proportion excessive, ne possédait les biens donnés qu'affectés de la condition du retranchement; en conséquence, l'enfant a son action en révocation non-seulement contre le second mari de sa mère, mais encore contre tout tiers détenteur des biens donnés, il doit les recouvrer libres de toutes servitudes hypothèques et autres droits réels (Pothier *Don. entre-vifs*, sect. III, art. 7 § 4. — *Contrat de mariage*, § 572 et suivants).

117. Nous avons dit que l'enfant a l'action révocatoire sans être obligé d'accepter l'hérédité de sa mère, les biens donnés ne font donc pas partie de la succession, les créanciers hypothécaires de la mère postérieurs à l'époque de donation ne pourront prétendre aucun droit sur ces biens, car ils sont sortis du patrimoine de leur débitrice avant la naissance de leur créance, et ils ne rentrent pas dans sa succession ; la donation n'est annulée que vis-à-vis des enfants.

118. L'action en retranchement n'est accordée qu'aux enfants du premier lit, mais une fois qu'elle est exercée elle profite à tous sans distinction de lits, l'Edit est porté contre le nouveau mari et non pas contre les nouveaux enfants issus du second mariage, ils doivent avoir les mêmes droits que les autres dans les biens de leurs parents, (Pothier, *Don. entre-vifs*. Sec. 3 Art. 7 Par. 4.)

119. Il était admis que les enfants ne pourraient renoncer pendant la vie de leur mère au droit éventuel résultant de l'Edit car leur consentement dans la plupart des cas n'eut pas été libre. La question faisait plus de difficulté quand l'avantage excessif résultait d'un don mutuel établi par contrat de mariage et que ces enfants renonçaient dans ce même contrat à exercer leur droit à l'Edit, car alors ils étaient intéressés à consentir à leur renonciation, et par suite on les soupçonnait moins facilement d'avoir été entraînés par la soumission filiale (Pothier, *Don. entre-vifs* Sec. 3 Art. 7 Par. 5).

Deuxième chef de l'Edit. — **120**. Le deuxième chef de l'Edit interdit à l'époux remarié la libre disposition des biens qui lui sont échus à titre gratuit de son premier conjoint ; voici au reste sa disposition littérale : « Et au regard des biens à icelles veuves acquis par don et libéralités de leurs défunts maris, elles ne peuvent et ne pourront en faire aucune part à leurs nouveaux maris ; mais elles seront tenues de les réserver aux enfants communs d'entre elles et leurs maris de la libéralité desquels iceux biens leur seront advenus. Le semblable voulons être gardé, ès-biens qui seront venus aux mains de leurs défuntes femmes. » On considérait cette mesure comme équitable à l'égard des enfants du premier lit, désormais dépourvus de protection et conforme à l'intention du donateur.

121. Ce second chef, atteint non-seulement les biens provenant au conjoint remarié des libéralités de son premier époux, mais
encore tout ce qui lui est advenu à titre de
lucrum nuptiale; ainsi le préciput accordé à
cet époux, même s'il a été stipulé avec un
caractère de réciprocité, c'est à dire, par exemple, au profit du survivant quel qu'il soit, est
considéré comme un *lucrum nuptiale* et compris dans les biens réservés aux enfants du
premier lit; le Douaire coutumier lui-même,
cet avantage que le mari n'est pas libre d'enlever à sa femme en cas de survie, est au point
de vue du second chef de l'Edit un avantage
gratuit, et tombe sous la loi de l'indisponi-
bilité: le premier chef, moins rigoureux, ne
l'atteignait cependant pas. (Pothier, *Don.
entre-vifs*. Sect. 3 Art. viii. Par. 1).

122. Dans le droit Romain la constitution *Feminæ quæ* s'étendait aux biens que
la femme avait reçus gratuitement d'un enfant du premier lit, l'Edit des Secondes Noces ne poussa pas jusque là sa protection.
(Pothier, *Contr. de Mar.* n° 609. — Ricard
n° 1363.)

123. Notre Edit différait également de
la Constitution Romaine dans ses effets.
Tandis qu'à Rome les enfants du pre-

mier lit devenaient du jour du second mariage nus-propriétaires des biens paternels échus à leur mère remariée, l'Edit lui laisse au contraire la pleine propriété, mais en la grevant pour les *lucra nuptialia* d'une sorte de fidéicommis au profit des enfants du premier lit ; aussi, si dans notre ancien droit leur décès précédait celui du survivant des conjoints, ils ne transmettaient point les biens dans leur succession. (*Don. entre-vifs*. Sect. 3 Art. viii. Par. 2).

124. Justinien, comme nous l'avons vu, avait retiré au conjoint survivant le droit de distribuer à sa fantaisie entre les enfants du premier lit les biens qu'il était chargé de leur restituer ; c'était, il nous semble, une conséquence logique du droit de nue-propriété acquis à ces enfants par le fait même du second mariage ; le principe n'a pas été reproduit, mais on a conservé avec raison la conséquence, puisque en réalité les biens donnés viennent aux enfants du chef de l'époux prédécédé, le survivant n'y a plus aucun droit pour le temps postérieur à son décès. Comme le dit Pothier, la substitution est faite indistinctement à tous ; la femme ou l'homme qui en sont grevés, ne peuvent pas prétendre le droit de choisir entre les enfants. (*Contre de Mar.* n° 619. — *Don entre vifs.* Sec. 3 Art. viii. Par. 2). C'est par suite de la même idée que ces biens étaient pour les enfants des propres paternels ou maternels suivant que le prédécédé était leur père ou leur mère (*Contr. de Mar.* P. 613.)

125. L'interdiction de disposer librement des *lucra nuptialia* prenait-elle fin quand le conjoint remarié devenait veuf de son second mariage sans enfants? La question était controversée. Les uns pensaient qu'il fallait appliquer la maxime : *Cessanta causa cessat effectus.* Pothier résistait avec raison, car il s'agit d'une substitution ; or la substitution ne prend fin que par la mort des appelés. (*Traité des Don. entre-vifs.* Sect 3. art. viii. Par. 4.).

126. Les coutumes de Paris et d'Orléans ne se bornèrent pas à la protection accordée par l'Edit des Secondes Noces; cet Edit n'avait assuré aux enfants du premier lit que les biens donnés par leur père ou mère prédécédé ou survivant et avait laissé au nouveau conjoint la libre disposition des biens par lui acquis de la première communauté ; les rédacteurs des coutumes de Paris et d'Orléans, sous l'influence de cette idée

que la femme est redevable au mari des pro-
fits qui ont accru l'actif de communauté, re-
tirèrent à la femme remariée, ayant des enfants d'un premier lit, le droit de les priver
des biens provenant de la première communauté. Nous pensons que c'était trancher
bien arbitrairement une question délicate,
qui est celle de la contribution de la femme
à l'enrichissement de la communauté ; il
arrive souvent que le bénéfice des travaux
du mari serait fortement compromis sans
l'économie apportée par la femme. La participation de la femme à l'enrichissement
commun est si réelle que bientôt on étendit par interprétation au veuf remarié ce
que la coutume avait établi seulement pour
la veuve. Il nous semble que les coutumes
éxagéraient ainsi au préjudice du droit de
propriété la protection due aux enfants d'un
premier lit et que le Code civil a mieux fait
en laissant tous les biens dans la même catégorie et leur appliquant des règles unifor-
mes.

Quoiqu'il en soit, les dispositions des Coutumes d'Orléans et de Paris avaient une
appplication incontestée dans leurs ressorts.
En les résumant, nous nous réfèrerons plus
particulièrement à la coutume d'Orléans

dont la rédaction plus **parfaite** que celle de la coutume de Paris servait de modèle aux interprêtes des deux coutumes (Pothier, *Don. entre-vifs*, sect. 3, art. IX).

Toutes deux interdisaient d'abord à la femme d'une façon absolue de disposer des conquêts de communauté en faveur de son second mari; et par conquets on avait fini par admettre, après controverse, qu'il s'agissait aussi bien des meubles que des immeubles, et on soumettait même à la réduction les biens apportés par la femme dans la communauté (Pothier, *Op. cit.*, sect. 3 article 9, par. 1 — arrêt du Parlement de Paris, 4 mars 1697; d'Aguesseau, 41ᵉ plaidoyer.)

127. La coutume d'Orléans dans une seconde disposition, tenant compte du caractère intermédiaire des conquets de communauté rend à la femme une certaine latitude pour les vendre ou les donner à des étrangers; les personnes autres que le nouveau mari peuvent acquérir du chef de la femme tout l'excédent de la part revenant aux enfants du premier lit dans la succession de leur mère; quant à la part qui serait revenue aux enfants du second mariage dans la succession *ab intestat*, la femme pouvait en disposer comme de ses autres biens à l'égard de tout autre que le mari (Pothier, *Op. cit.*, sect. 3, art. IX, par. 2 et 3).

Aussi quand la femme avait donné des conquêts à son nouveau mari, s'il existait des enfants des deux mariages, tous pouvaient exercer l'action en révocation, car la donation était entièrement nulle, et les enfants du second lit avaient droit aux biens de leur mère, comme ceux du premier. Si au contraire la libéralité avait été faite à un étranger, comme elle n'était réductible que dans la proportion de la part attribuée aux enfants du premier lit, les autres ne jouissaient pas de l'action en retranchement.

Ce surcroit de protection, apporté seulement, d'après les termes des coutumes de Paris et d'Orléans, en vue des femmes convolant en seconde noces, fut étendu par les interprètes aux veufs remariés (Pothier, *Op. cit.*, sect. 3, art. IX. par. 4, — Arrêt du Parlement de Paris, 4 mars 1697. — Merlin. *Repert. de jurispr.*, au mot (noces secondes).

DROIT INTERMÉDIAIRE.

128. Le droit intermédiaire comprend toutes les lois promulguées pendant la période de temps écoulé depuis la révolu-

tion française de 1789 jusqu'à la rédaction
du Code civil. Les législateurs de cette
époque bouleversèrent le système successo-
ral tel que nous l'avait légué l'ancien régime.
La loi du 17 nivôse, an II, est célèbre à ce
titre : Introduisant brutalement une égalité
absolue entre les héritiers en ligne directe,
elle ne respecta même pas le principe de
non rétroactivité des lois. C'est ainsi que
dans son article 1ᵉʳ elle annulait toutes les
donations entre-vifs postérieures au 14 juillet 1789. Mais ce n'est pas dans cette loi que
nous trouvons la première réforme des anciennes coutumes sur les donations entre
époux. Déjà une loi du 5 brumaire, an II,
avait réglé la matière dans des articles trés-
clairs que la loi de nivôse s'est bornée à reproduire.

Le législateur de l'époque intermédiaire,
au moment où il autorisait le divorce, ne
prit pas, comme l'avaient fait les jurisconsultes romains du temps d'Auguste, les précautions nécessaires pour empêcher le maintien du mariage ou sa rupture de devenir un
marché. Il paraît plutôt s'être préoccupé
d'encourager les époux dans la voie des
libéralités espérant peut-être que ce serait
une cause de rapprochement plus intime.

En effet la loi de brumaire, an II, donna toute latitude aux époux pour s'avantager pendant le mariage. Ensuite elle limita seulement la quotité disponible entre époux, en cas de descendants en ligne directe, à la moitié des biens du précédent en usufruit: et dans tous les autres cas le disponible comprenait le patrimoine tout entier. La quotité disponible à l'égard des étrangers était restreinte beaucoup plus rigoureusement par la loi de nivôse, an II ; en présence d'héritiers en ligne directe, elle était d'un dixième, et en présence des collatéraux, d'un sixième, encore ce dixième ou ce sixième ne pouvaient-ils pas être attribués à un des héritiers. Par une autre faveur accordée aux époux, la rétroactivité de la loi de nivôse ne leur fut pas étendue, en ce sens qu'elle laissa plein effet aux donations entre époux, consenties depuis le 14 juillet 1789, sauf leur restriction à la moitié en usufruit, conformément à la quotité disponible. (Art. 13, de la loi de nivôse, an II.) Comme, sur les autres points de notre matière, cette loi a reproduit les termes mêmes de la loi du 5 brumaire, an II, ce sont les articles de la loi de brumaire que nous allons citer au sujet des donations entre époux.

« Les avantages stipulés entre les époux
« encore existants, soit par leur contrat de
« mariage, soit par des actes postérieurs,
« ou qui se trouveraient établis dans cer-
« tains lieux par les coutumes, statuts ou
« usages, auront leur plein et entier effet.
« Néanmoins s'il y a des enfants de leur
« union, ces avantages, au cas qu'ils con-
« sistent en simple jouissance, ne pourront
« s'élever au delà de la moitié du revenu
« des biens délaissés par l'époux décédé, et
« s'ils consistent en des dispositions de pro-
« priété soit mobilière, soit immobiliére ; ils
« seront restreints à l'usufruit des choses
« qui en sont l'objet, sans qu'ils puissent
« jamais excéder la moitié du revenu de la
« totalité des biens.

« La même disposition aura lieu à l'égard
« des institutions, dons ou legs faits dans
« des actes de dern'ère volonté, par un mari
« à sa femme ou par une femme à son mari,
« dont les successions sont ouvertes depuis
« la promulgation de la loi du 7 mars der-
« nier ».

129. Ni la loi de brumaire ni la loi de
nivôse n'ont abordé au moins directement la
question des seconds mariages ; l'Edit des secondes noces devait-il être considéré comme

maintenu, ou avait-il perdu toute valeur?
Il nous semble que les deux lois de brumaire
et de nivôse étaient en complet désaccord
avec les dispositions de l'Edit, et qu'elles
suffisaient à en faire présumer la suppression. L'art. 13 de la loi de nivôse fixait la
quotité disponible entre époux à une moitié
en usufruit s'il y avait des enfants, et il ne
distinguait pas suivant qu'ils étaient communs ou issus d'un précédent mariage, il
abrogeait donc implicitement le premier
chef de l'Edit.

Quant au second chef réservant aux enfants du premier mariage tous les biens
advenus à l'époux remarié de son conjoint
prédécédé, il nous semble également annulé.
Car la loi de nivôse a eu pour but de créer
un système tout nouveau et complet par
lui-même de la transmission des biens par
succession ou donation; l'art. 61 de cette
loi abroge expressément toutes les lois, coutumes et statuts sur ces modes de transmission des biens. cet article ne laisse point de
place à l'Edit des secondes noces. Sa suppression concorde du reste aussi bien avec l'esprit de la loi qu'avec son texte, puisque
d'abord comme nous l'avons dit, les rédacteurs de la loi de nisôse avaient la prétention

de faire sur l'objet traité un système complet et qu'en outre, on ne voyait plus avec la même défaveur, les seconds mariages, comme le prouvent les lois de l'époque sur le divorce.

On a objecté à cette théorie que le second chef de l'édit n'était au fond qu'une peine prononcée contre l'époux remarié et que l'article 61 de la loi de nivôse n'avait nullement trait aux pénalités. Cette objection repose sur une erreur : nous ne trouvons dans l'Edit des secondes noces aucune idée de pénalité, il avait été rendu simplement dans un but de protection pour les enfants d'un premier mariage (Cour de cass. 8 juin 1808). La cour de Lyon et le tribunal de Roannes avaient dans la même affaire rendu une semblable décision, se fondant sur ce que : Les dispositions de l'Edit des secondes noces et des lois romaines étaient abrogées tacitement par l'art. 13 de la loi de nivôse an II et formellement par l'art. 61 de la même loi (Merlin, *Repert. de jurispr.* au mot noces secondes). § 6.

Il est difficile de parler de la quotité disponible à l'époque intermédiaire, sans citer la loi du 4 germinal an VIII, mais cette loi

qui modifia la loi de nivôse dans un sens
raisonnable en étendant la quotité disponible ordinaire ne dérogea pas aux lois précédentes sur les dispositions entre époux ;
aussi nous nous contenterons de la men-
tionner.

DROIT MODERNE

QUOTITÉ DISPONIBLE ENTRE ÉPOUX.

130. Lors de la rédaction du Code, les règles sur les dispositions entre époux avaient déjà subi dans notre pays des changements profonds. Les traditions des lois Romaines qui s'étaient maintenues et améliorées dans les pays de droit écrit, les innovations que nous avons vu reproduire dans les pays de droit coutumier avaient été en grande partie abolies par la législation intermédiaire. Il appartenait aux jurisconsultes de l'an VIII de refondre la matière ; plusieurs systèmes se présentaient à eux. Suivraient-ils les rigueurs de l'ancien droit Romain avec le tempérament apporté par le sénatus-consulte d'Antonin, ou conserveraient-ils la liberté presque absolue, que nous avons constatée dans le droit intermédiaire. Rétabliraient-ils les sages dispositions qui à la fin de l'empire Romain et pendant toute la durée de notre ancien droit écrit au coutumier, assuraient en cas de dissolution de mariage à l'époux survivant une partie des ressources ayant contribué à la prospérité commune? Aucune des législations antérieures ne fut adoptée en son entier. On emprunta à chacune d'elles ce qu'on crut y trouver de plus sage, on fit au besoin des innovations, et on introduisit ainsi sur les donations entre époux une nouvelle législation, dont nous avons à examiner une des branches les plus importantes,

131. Il est d'abord à remarquer que les rédacteurs du Code se sont en un point laissé influencer malgré eux par les lois alors en vigueur. Ainsi, ils n'ont rendu au conjoint aucun des droits qui lui étaient autrefois conférés par la loi elle-même sur la succession du prémourant ; nous ne trouvons ni la quarte du conjoint pauvre, ni l'augment, ni le douaire. Il eût été selon nous plus sage d'accorder à l'époux survivant au moins un droit viager et de suppléer ici, comme on l'a fait pour les sucesseurs *ab intestal*, à l'intention probable du défunt.

132. Toutefois nos législateurs ne furent pas excessifs dans leur réserve. Ce qu'ils n'accordaient pas à l'époux survivant de plein droit, ils ne l'empêchaient pas de l'obtenir par des dispositions expresses. En jurisconsultes prudents ils choisirent un système éclectique qui, tout en laissant aux époux quelque liberté, écartât en même temps le danger des abus. Ils décrétèrent en effet la liberté des donations entre époux, non pas absolue, mais avec le tempérament de révocabilité tel que nousl'avons rencontré dans le doit Romain. Même avec cette garantie se présentait un autre écueil : il était à craindre qu'une passion persistante ou une faiblesse aveugle ne fissent revivre l'excès des libéralités entre époux, et qu'ainsi les autres héritiers fussent privés de leurs droits naturels ; les rédacteurs du Code surent prévoir ce danger et le combattirent en fixant en faveur de ces héritiers une réserve spéciale ; c'est l'explication de cette réserve et par suite, du disponible entre époux, qui doit former l'objet précis de notre travail.

133. Avant d'entrer dans l'étude particulière du disponible entre époux, il est indispensable de donner quelques détails sur la quotité disponible ordinaire ; car les

principales difficultés de notre sujet consis-
teront à bien limiter les différences qui
séparent ces deux quotités et à les combiner quand il y aura lieu.

Un des plus savants jurisconsultes
de 1804, M. Tronchet, a prononcé au cours
des travaux préparatoires ces paroles dignes
de remarque ; « Il ne faudrait point de loi,
« si l'expérience de tous les siècles ne nous
« montrait pas des fils ingrats, et des pères
« injustes, non-seulement dans la distribu-
« tion de leur affection entre leurs enfants,
« et, ce qui est plus rare, mais non pas sans
« exemple, des pères chez qui des affections
« étrangères étouffent l'amour paternel. »
(Fenet, t. xi, p. 302.)

Aussi le législateur, en laissant au propriétaire quelque latitude sans laquelle tout développement de l'activité et de l'industrie
humaine serait arrêté, s'est-il attaché à entraver l'injustice du disposant et à faire
respecter les droits légitimes des parents.
Le Code a divisé le patrimoine en deux parties, dont l'une reste à la disposition du
propriétaire, et l'autre est grevée d'un droit
au profit de certains héritiers.

Il y a dans l'état actuel de nos lois deux
catégories de réservataires : les descendants

et les ascendants. Le projet du gouverne-
nement avait accordé une réserve même aux
collatéraux, frères et sœurs, oncles, tantes,
neveux, nièces, cousins, et cousines au quatrième degré ; ce projet a été combattu et
retiré ; on a là-dessus critiqué les auteurs de
notre Code, à tort selon nous. En effet, s'il
n'est pas contestable que la situation mal-
heureuse d'un frère ou d'une sœur soit plus
d'une fois digne d'intérêt et de secours, il ne
faut pas oublier non plus que nous sommes
toujours en face du grand principe de propriété, dont la conséquence est la liberté de
disposer ; ce qui reste à examiner, c'est dans
quelle mesure il est possible de faire échec à
ce principe. Or, il nous semble que les graves
motifs qui imposent la réserve en cas d'existence d'ascendants ou de descendants font
absolument défaut pour les collateraux,
même les frères et sœurs : ainsi les pères et
mères en donnant naissance à un enfant
ont contracté tacitement l'obligation de l'é-
lever selon leur fortune et de ne pas l'abandonner ensuite à la charge de la société ;
l'enfant de son côté a des devoirs de recon-
naissance envers ses ascendants, on doit
l'empêcher de négliger ce qu'on appelait
l'*Officium pietatis*, pour les frères et sœurs

ces obligations ne se rencontrent pas, aussi nous estimons que le législateur a sagement agi en ne leur maintenant pas de réserve.

Toutefois nous ne pouvons nous empêcher de constater que comme nous le verrons plus loin, il y a inconséquence dans les dispositions de la loi qui accordent une réserve aux ascendants du second degré exclus par les frères et sœurs, non réservataires, dans la succession *ab intestat*.

En présence de descendants la quotité disponible à l'égard des étrangers est de la moitié quand le *de cujus* laisse un enfant, du tiers quand il en laisse deux. et du quart quand il y en a trois ou un plus grand nombre. En présence d'ascendants, cette quotité disponible est de moitié ou des trois quarts selon qu'il y a des ascendants dans les deux lignes ou dans une seule.

134. Arrivant maintenant à notre sujet, nous le diviserons en cinq chapitres :

Dans le 1er nous examinerons quelle est la quotité disponible quand l'époux prédécédé laisse pour réservataires des ascendants;

Dans le 2me quelle est cette quotité quand les réservataires sont des descendants;

Dans le 3ᵐᵉ quelle est-elle quand il laisse enfants issus d'un précédent mariage;

Dans le 4ᵐᵉ comment se fait la combinaison de ces quotités avec la quotité disponible ordinaire ;

Enfin dans le 5ᵐᵉ quelle est la sanction de toutes ces règles.

CHAPITRE PREMIER.

DISPONIBLE ENTRE ÉPOUX QUAND LE PRÉDÉCÉDÉ NE LAISSE QUE DES ASCENDANTS POUR HÉRITIERS RÉSERVATAIRES.

135. Nous avons vu que la quotité disponible ordinaire n'est pas restreinte en faveur d'autres personnes que les ascendants et les descendants ; il en est de même pour la quotité disponible entre époux ; la réserve ne commence qu'au profit des ascendants.

Voici à leur égard la disposition littérale de l'art. 1094 du Code civ. :

« L'époux pourra soit par contrat de ma-
« riage, soit pendant le mariage, pour le
« cas où il ne laisserait point d'enfants
« ni descendants, disposer en faveur
« de l'autre époux, en propriété, de
« tout ce dont il pourrait disposer en faveur
« d'un étranger, et en outre, de l'usufruit
« de la totalité de la portion dont la loi pro-
« hibe la disposition au préjudice des héri-
« tiers. »

Ainsi le disponible comprend d'abord toute la quotité disponible ordinaire, et de plus, par faveur pour l'époux, l'usufruit de la portion dont la loi prohibe la disposition au préjudice des héritiers. Nous remarquerons que par cette expression de héritiers la loi ne peut entendre que les ascendants, car lorsque l'époux ne laissera point d'enfants ni descendants, les seuls héritiers que la loi des successions protège, sont les ascendants (Art. 915 à 916 C. civil.). Si on a employé le mot d'héritiers, c'est que dans le projet élaboré par la commission du gouverment, les réservataires comprenaient non-seulement les ascendants et descendants mais encore plusieurs catégories de collatéraux. On a modifié l'article fixant le nombre des héritiers réservataires ; on a oublié de mettre l'art. 1094 en harmonie avec cette modification (Fenet, tome 1er, page 371).

136. L'art. 1094 appelle une observation plus intéressante : nous voyons en effet que par suite de l'augmentation de la quotité disponible en faveur de l'époux la réserve de l'ascendant se trouve réduite à la nue-propriété de la portion qui lui était réservée contre un étranger. N'est-il pas au moins bizarre de donner comme réserve à une personne la

nue-propriété d'une valeur dont l'usufruit
est attribué à une autre qui sera presque
toujours beaucoup plus jeune? L'objection
fut soulevée lors des travaux préparatoires
par M. de Malleville, et le tribun Jaubert
entreprit une justification que nous ne pouvons admettre. « C'est, dit-il, la faveur du
« mariage; pourquoi la mort d'un époux
« changerait-elle la position de l'autre, sur-
« tout pour des droits qui ne sont ouverts
« que par l'interversion même du cours de la
« nature. » (Fenet, tome XII, page 621)
et cette explication a été approuvée par plusieurs jurisconsultes. (Proudhon, De l'Usufruit, t. 1, n° 353 — Benech Quot. Disp. entre
époux. P. 159 à 160. — Colmet de Santerre,
t. IV, n° 273 bis, I).

Cette justification n'est autre chose que la
critique de la réserve de l'ascendant elle-
même en présence d'un époux. Nous ne
voyons pas en quoi la position de l'ascendant mérite moins de faveur lorsque
contre l'ordre naturel des choses, c'est lui qui
a survécu à son enfant, il nous semble au
contraire que ce serait plutôt la cause d'une
plus grande protection, car cet ascendant sera
souvent privé par ce décès du droit de pen-

sion alimentaire, sur lequel auparavant il pourrait compter.

La suppression de la réserve est une idée que nous comprenons sans pour cela la partager ; mais si on en établit une, il faut la rendre sérieuse. On répond que cette réserve a pour but de conserver les biens dans les familles ; mais si on adoptait ce motif, il faudrait revenir au projet du gouvernement et donner une réserve aux collatéraux. La réserve des ascendants est inspirée par un devoir de respect ; la loi se met en contradiction avec ce principe en permettant à un enfant d'exclure presque totalement de sa succession son père ou sa mère. On a encore allégué pour la défense de l'art. 1092 que l'ascendant pourrait vendre sa nue-propriété et ainsi se procurer les ressources nécessaires, mais le plus souvent ce droit n'aura pas grande valeur en raison de la jeunesse de l'époux ; il aurait au contraire été bien plus avantageux s'il avait été attribué à celui-ci, tandis que l'usufruit aurait reposé sur la tête de l'ascendant. En outre ces justifications se détruisent les unes par les autres : si vous donnez la nue-propriété à l'ascendant pour qu'il puisse la vendre et se mettre ainsi à l'abri du besoin, la conservation des biens

— 158 —

dans les familles n'est plus respectée. (Malleville, analyse raisonnée de la discussion du Code civil, t. II, page 437. — Demol, Traité des Don. entre vifs, t. 6, n° 495. — Boutry, Essais sur l'histoire des donations entre époux, n° 405.)

137. La jurisprudence, s'inspirant de ces critiques, a voulu réduire aux trois quarts en pleine propriété la libéralité de l'époux qui a donné à son conjoint *tout ce dont il peut disposer*, ou *sa quotité disponible*. Mais cette interprétation est arbitraire et sera généralement contraire à l'intention exacte du *de cujus*. On peut regretter la loi, mais il faut l'appliquer telle qu'elle nous est imposée.

138. Nous pouvons remarquer une autre singularité de la loi au sujet de la réserve des ascendants : en présence d'un ascendant et de frères et sœurs l'époux mineur âgé de plus de 16 ans pourra, par application des art. 902 et 1094 du Code civil combinés donner à son conjoint la moitié en usufruit de la portion réservée à son ascendant, tandis qu'il ne sera pas libre de disposer de l'usufruit de la part attribuée par suite de son incapacité à ses frères et sœurs. (Demolombe, Don. entre vifs, t. 6, n° 496. —

Dutruc, Observ., prat. Revue du Not., année
1869, n° 2537. — Tribunal de Muret, 31 déc.
1839 et Cour de Toulouse, 27 novembre 1841.
Aff. D. contre Muguet.)

CHAPITRE II.

QUOTITÉ DISPONIBLE DE L'ÉPOUX PRÉDÉCÉDÉ
LAISSANT DES ENFANTS COMMUNS.

139. L'article 1094 ajoute, dans une seconde partie : « Et pour le cas où l'époux « donateur laisserait des enfants ou descen- « cendants, il pourra donner à l'autre époux « ou un quart en propriété, et un autre quart « en usufruit, ou la moitié de tous ses biens en usufruit seulement ».

140. Cet alinéa d'un article du Code est un de ceux dont l'interprétation et l'application pratique ont soulevé le plus de difficultés. Tout d'abord, on s'étonnera de l'alternative offerte à l'époux ; d'après ce texte, le conjoint peut donner à son époux un quart en propriété et un quart en usufruit, ou la moitié en usufruit seulement. Ne semble-t-il pas qu'il y ait dans ces mots une redondance, puisque la moitié en usufruit est inférieure au quart en pleine propriété joint à un autre quart en usufruit ?

Quelques interprètes pensent qu'effectivement c'est bien là un simple vice de rédaction, et qu'on ne saurait y attacher d'autre importance. D'après ces auteurs, on ne s'occupera que de la première phrase, *un quart en propriété et un quart en usufruit*. Si l'époux a disposé sous une autre forme, **par** exemple n'a donné que de l'usufruit, mais dans une proportion supérieure à la moitié de ses biens, on appliquera purement et simplement l'article 917 du Code civ., c'est-à-dire qu'on laissera au réservataire l'option entre l'abandon de la quotité disponible tout entière, un quart en propriété et un quart en usufruit, ou bien l'exécution de la libéralité telle qu'elle est énoncée dans l'acte de donation ou dans le testament.

On s'appuie, dans cette opinion, sur les travaux préparatoires ; l'article 917 n'existait pas au début ; au contraire, dans l'art. 17 du projet, il était dit que la quotité disponible en usufruit n'excéderait jamais la quotité disponible en pleine propriété (Fenet, t. II, p. 276). L'article 1094 faisait par ces mots : « ou la moitié de tous ses biens en « usufruit seulement », une application de cette règle générale. Plus tard, l'article 17 du projet disparut pour faire place à l'article

917 actuel du Code civ. ; on oublia de mettre les termes de l'article 1094 en accord avec cette nouvelle disposition ; le devoir de l'interprète est de réparer l'inadvertance. C'est ainsi qu'a jugé la Cour de Rouen (8 avril 1852, aff. Papegay), par un arrêt qui a aussi son importance dans une autre question, car il porte sur une rente viagère. Les considérants dont la Cour a accompagné sa décision ne nous semblent pas bien convaincants ; en voici les principaux termes : « Attendu « que l'héritier à réserve ne peut faire réduire la rente viagère que dans la limite « de la quotité disponible la plus élevée, et « non pas, comme l'ont dit les premiers « juges, dans celle de la quotité disponible « la plus faible.

« Que, d'après la raison d'analogie consignée dans l'article 917 du même Code, « l'héritier à réserve, qui veut se soustraire « à l'exécution de la volonté de son auteur, « doit abandonner au donataire ou légataire tout ce qui aurait pu lui être donné « ou légué. »

Nous nous permettrons de faire observer que ces arguments ressemblent à de pures pétitions de principes ; la Cour d'appel s'est bornée à affirmer ce qui est en question.

Quand on prétend qu'il faut ramener la donation au disponible le plus élevé et non pas au disponible le plus faible, on résout sans débat le point en litige, puisqu'il s'agit de savoir si l'époux a un disponible unique auquel doivent se ramener toutes ses dispositions en propriété ou en jouissance, ou si l'article 1094 ne lui offre pas une alternative selon qu'il disposera dans un sens ou dans l'autre. De même, quand elle déclare que l'héritier à réserve, qui veut se soustraire à l'exécution de la volonté de son auteur, doit abandonner au donataire ou légataire tout ce qui aurait pu lui être donné ou légué, la Cour glisse à côté de la question, car ce que nous recherchons, c'est quelle est cette quotité que l'époux est capable de donner ou léguer en jouissance aux dépens des réservataires, (V. Boutry, Op. cit. nº 427.)

Dans une autre opinion, que nous croyons plus raisonnable, on donne un sens à l'alternative de l'article 1094 ; elle indique que quand on juge à propos d'avantager son conjoint en jouissance, et non pas en pleine propriété, la disposition en usufruit ne peut pas dépasser la quotité permise en pleine propriété. On a supprimé à l'égard des étrangers la règle de l'égalité des disponibles

en propriété et en usufruit ; de là l'inser-
tion de l'article 917 dans le Code civil. On l'a
au contraire conservée pour les dispositions
entre époux, c'est aussi pourquoi on a
maintenu dans l'article 1094 les termes du
projet. Cette distinction n'est pas dénuée de
motifs légitimes. Le législateur a pu craindre entre époux un abus des libéralités de
jouissance d'autant plus grand qu'elles
constituent un abandon moins indéfini ; il
n'a pas voulu laisser dépouiller les réservataires sous une forme qui, pour être moins
définitive, n'en eût été que plus dangereuse
par son usage fréquent. L'application de
l'article 917 en notre matière aurait de plus
entraîné généralement une violation de l'intention formelle du disposant. Celui-ci a
d'ordinaire consenti à abandonner les revenus d'une grande partie de son patrimoine
à son conjoint, parce qu'il a compté qu'un
jour toute cette fortune reviendrait aux enfants communs ; mais il se serait peut-être
bien gardé de donner quoi que ce fût en
pleine propriété, de peur que ces biens ne
servissent plus tard de dot à sa femme pour
un nouveau mariage, ou à des enfants issus
d'une seconde union, et fussent à jamais
perdus pour sa propre descendance. Enfin,

notre opinion a le très-précieux avantage de donner un sens intelligible à l'article 1094 tel qu'il se trouve aujourd'hui rédigé dans le Code civil. (Aub. et Rau, édit. 4ᵉ, t. 7, p. 257.— Demol. *Don. entre vifs*, t. 6, nᵒ 502. — Colmet de Santerre, t. 4, nᵒ 275 bis. — Benech, Quot. Disp. entre époux, p. 30 et s.— C. de Caen, 24 déc. 1862, aff. Duvorsant.)

1 11. Le même article 1094, au premier abord au moins, énonce pour les libéralités entre époux, en cas d'existence d'enfants, une quotité disponible uniforme, sans tenir aucun compte du nombre des réservataires. Si on se borne à cette interprétation, et que l'on compare la quotité disponible entre époux et la quotité disponible ordinaire, il en résultera que, dans le cas où le conjoint aura laissé trois enfants, la première sera plus considérable que la seconde, puisque le prémourant avait en faveur de son conjoint la libre disposition d'un quart en pleine propriété et d'un quart en usufruit, tandis qu'il ne pouvait donner à des étrangers qu'un quart en propriété seulement. Dans le cas, au contraire, où il n'aura laissé qu'un enfant, la quotité disponible entre époux se trouvera moindre, puisque ses dispositions en faveur de son conjoint ne devaient pas excéder un quart en pleine propriété et un quart en usufruit, tandis qu'il était libre d'abandonner à un étranger en toute propriété la moitié de ses biens.

Cette solution, en apparence contradictoire, a choqué quelques interprètes du Code. Dès l'année 1807, on a soutenu, au moins devant les tribunaux, que l'article 1094 du C. civ. était seulement extensif de la quotité disponible de droit commun, mais que si le défunt ne laissait comme réservataires que deux enfants ou un seul enfant, le conjoint devait être traité au moins aussi bien qu'un étranger; la Cour de Nîmes a rejeté cette prétention par un arrêt du 10 juin 1807.

La question ne paraissait plus controversée quand en 1841 elle fut soulevée à nouveau par un jurisconsulte M. Benech, qui soutint avec un extrême vivacité que l'art. 1094 (2°) étendait quelquefois la quotité disponible, mais ne la restreignait jamais. Il se refusait à admettre que la quotité disponible entre époux pût raisonnablement être tantôt supérieure, tantôt inférieure à la quotité disponible ordinaire; et ce qui choquait le plus cet interprète, c'est que dans le système communément admis, l'époux fût justement favorisé quand les enfants se trouvaient par leur nombre réduits à une réserve plus faible, et fût traité avec plus de rigueur quand le réservataire, étant seul, jouissait d'un droit relativement considérable. « Il faudra donc « consentir à dire que plus la réserve des en- « fants sera modique, et plus l'époux sera « favorisé. Quand chaque enfant n'aura, à « titre de réserve, qu'un quart, un cinquiè- « me, un sixième, l'époux pourra recevoir « une part plus large ; et quand l'enfant uni- « que aura pour lui seul, la moitié en pro- « priété à titre de réserve, l'époux sera plus « maltraité…, Delvincourt dit grâce faisant, « que cela est assez singulier ; nous disons, « nous, que cela est absurde ». (Benech, § 161-162).

Examinons donc avant d'entrer dans le détail de la controverse si le système qui s'en tient à l'art. 1094 pour régler la quotité disponible entre époux est irrationnel, ou si la contradiction apparente ne se trouve pas ici plutôt le résultat de la logique, et n'est pas au moins en harmonie avec l'esprit général de notre Code sur la quotité disponible entre époux. Quelle a été l'intention du législateur? Il nous paraît évident qu'il s'est appliqué uniquement à donner à l'époux prémourant le moyen de conserver à son conjoint la situation qu'ils avaient tenue pendant leur union. Cette préoccupation se trahit dans le premier alinéa de l'art. 1094; nous avons même pensé que dans cet ordre d'idées on a poussé un peu trop loin les empiètements sur la réserve des ascendants. Quand les rédacteurs du Code se sont trouvés en face du droit des descendants. ils ont voulu continuer d'assurer la situation de l'époux survivant; c'est ainsi qu'ils ont autorisé, même en présence de trois enfants ou d'un plus grand nombre, la donation au conjoint de la moitié des revenus.

Pourquoi, nous objecte-t-on, le législateur, si favorable jusqu'ici, se serait-il montré plus rigoureux alors que les réservataires sont plus largement remplis par leurs droits ? C'est ici, au contraire, qu'apparaît la logique du système tel que nous le comprenons. Le législateur, en fixant la quotité disponible entre époux, n'a pris en considération que les besoins de l'époux survivant, c'est ce qui explique comment il ne s'est pas occupé du nombre des réservataires ; mais la quotité disponible une fois délimitée, il n'était nécessaire de l'étendre dans aucun cas; au contraire le législateur s'est souvenu qu'il fallait mettre un frein aux générosités souvent in-

considérées des époux, et ne pas les abandonner aux entraînements que suscite la
passion; il n'a pas voulu permettre au conjoint des libéralités plus considérables,
en faveur de son conjoint, alors même
qu'elles étaient autorisées en faveur d'é-
trangers; il était en effet, plus urgent de
protéger l'enfant contre l'un des époux, que
contre un étranger, parce que le danger était
plus vif ; *lex arctius prohibet quod facilius
fieri putat*. Il suffit de jeter un coup d'œil sur
la pratique des affaires pour être effrayé de
la facilité avec laquelle les époux se font
mutuellement l'abandon, même par contrat de mariage, c'est-à-dire d'une façon
irrévocable, de tous les biens dont la loi leur
permet de disposer.

Après avoir essayé de montrer la parfaite
harmonie qui règne entre le système communément admis autrefois, maintenu aujour-
d'hui par la jurisprudence, et l'esprit général
du Code sur la quotité disponible entre époux
il nous reste maintenant à exposer les objec-
tions soulevées contre ce système, et à les
réfuter, si nous pouvons. On les a tirées :
1° de la philosophie du droit ; 2° des termes
mêmes de notre loi ; enfin 3° des travaux
préparatoires.

Nous avons déjà tenté de réfuter l'argument tiré de la philosophie du droit, c'est-à-dire de l'inconséquence que nos adversaires ont reprochée à notre système, en expliquant comment à nos yeux cette inconséquence n'est qu'apparente, et en donnant de cette solution une raison très-vraisemblable et très-légitime.

Pour démontrer que les textes de la loi con luisent à appliquer l'art. 913 concurremment avec l'art. 1094, nos adversaires disent : La restriction à une quotité disponible est une exception, puisque le principe est la liberté de disposer d'une façon ; ce principe est consacré par l'art. 902 ; et nous ne trouvons pas d'exception à l'égard du conjoint dans le texte de l'art. 1094, qui s'exprime en termes facultatifs, et non pas restrictifs. « Il pourra donner à l'autre époux ». Ces expressions ne font qu'ajouter une nouvelle faculté au disposant, elles ne lui retranchent rien.

Cet argument n'a rien de concluant : D'abord on pourrait répondre que l'art. 902 n'a pas lieu d'être invoqué ici, car il traite une question de capacité de personnes, au contraire il s'agit ici d'une question de disponibilité. l'art. 1094 ayant pour objet immédiat la transmission des biens. Mais comme nous admettons que en dehors même de l'application de l'article 902, le principe est effectivement la liberté de disposer, nous combattrons directement l'objection. La formule dont se sert la loi nous paraît tout aussi prohibitive que celle que l'on prétend nécessaire à notre système ; la restriction réclamée se trouve sinon dans l'article 1094, au moins dans d'autres articles du même chapitre. Ainsi l'article 1091 proclame la liberté des donations entre époux « sous les modifications ci-après » et l'art. 1099 déclare que « les époux ne pourront se donner indirectement au delà de ce qui leur est permis par les dispositions ci-dessus. » Ces deux articles qui encadrent, pour ainsi dire, le chapitre relatif aux dispositions entre époux, ne signifient-ils pas nettement que notre matière est régie exclusivement par les textes contenus dans ce chapitre, et qu'on irait à tort invoquer les règles de droit commun sur les points qui y sont formellement traités ? Ne doit-on pas en conclure également que les expressions employées dans les articles de ce chapitre donnent la juste mesure de ce qui est autorisé par le législateur ? Et s'il permet d'aller jusqu'à une certaine limite, c'est qu'il

défend de la franchir. On a en outre remarqué que des termes prohibitifs n'auraient
pas eu l'avantage de dissiper entièrement
l'obscurité ; il aurait pu naître un doute analogue, quoique en sens contaire, si l'art 1094
avait dit : « il ne pourra donner à l'autre
époux qu'un quart en propriété et un quart
en usufruit », quelques interprêtes auraient
sans doute prétendu que le législateur avait
ainsi fixé un maximum, mais qu'en cas d'é-
xistence de plus de deux enfants, le disponible serait réduit au quart aussi bien à l'é-
gard de l'époux qu'à l'égard des étrangers.
(Colm. de Santerre, T. IV, n° 274 *bis* IV).

Enfin nos adversaires pour défendre leur
systè ne invoquent encore les Travaux Préparatoires, et c'est du reste là leur argument le
plus ingénieux. Dans le projet primitif l'article 1094 établissait en faveur de l'époux
une quotité disponible plus large que ne
pouvait jamais l'être celle de droit commun.
La quotité disponible ordinaire en présence
de descendants légitimes avait été fixée, par
l'art. 16 du projet, invariablement à un quart,
et l'art. 151 était rédigé dans les mêmes termes que nous trouvons aujourd'hui l'article
1094 du Code ; de plus l'art. 17 de ce même projet proclamait le principe de l'égalité du dis-

ponible en propriété et du disponible en usufruit ; l'art 151 ne faisait donc ainsi qu'étendre la quotité disponible ordinaire, il ne la
restreignait dans aucun cas ; (Fenet : Tome 1
pages 370-371). Les rédacteurs du Code ont
ainsi, selon nos adversaires, dans la rédaction de leur projet, suffisamment manifesté
leur intention de donner une plus grande
latitude aux libéralités entre époux qu'à
celles qui seraient adressées à des étrangers.

Plus tard les réclamations furent faites
contre l'art. 16 du projet qui, modifié, devint
notre article 913, la quotité disponible ordinaire fut variable avec le nombre des réservataires, et dans le cas d'un seul enfant ou de
deux enfants, elle put être de la moitié ou
d'un tiers en pleine propriété ; cependant
l'art. 151 ne reçut aucun changement impor-
tant, et nous le retrouvons avec des termes
identiques dans l'article 1094 du Code. Mais
disent nos adversaires, il est évident que
pour se conformer aux intentions du législa-
lateur il faut faire marcher l'article 1094
avec l'article 913, les modifications subies
par ce dernier doivent réagir sur le sens de
l'autre, la qualité de l'époux n'étant jamais,
aux yeux de nos législateurs, une cause de
restriction.

On insiste en outre sur une remarque faite
par M. Berlier au cours des débats lors de la
discussion de l'article 1098; cet article qui
fixe la quotité disponible entre époux au cas
où il existe des enfants d'un précédent mariage, ne permettait de disposer que de l'u-
sufruit d'une part de l'enfant le moins prenant; Cambacerès demanda que cette part
d'enfant fût au moins concédée en pleine
propriété, Berlier adhéra à cette proposition
mais en demandant une nouvelle modification : et c'est ici que se place l'observation
dont les partisans du système adverse veulent tirer parti « Si, dit Berlier, il n'y
avait qu'un enfant ou deux du premier mariage et point du second, le nouvel époux,
pourrait, en partageant avec eux, avoir la
moitié ou le tiers de la succession » Or,
ajoute-t-on, si quelques jours après l'adoption de l'article 1094, M. Berlier craint que
l'époux ne puisse recevoir la moitié ou le
tiers de la succession en pleine propriété,
c'est donc qu'il combine l'article 913 avec
l'article 1094 et donne toujours la plus large
quotité à l'époux (Fenet. T. XII Page 416 et
417) Benech P. 101 et suivantes Boutry
n° 407 à 426 A. et Rau. T. VII. 4eme Edit.
Page 255. Valette *Droit* du 11 Mars 1846.)

142. Ces arguments très-ingénieux, sont réfutables : 1° par le raisonnement ; 2° par les faits.

1° Il est très-contestable que la pensée des rédacteurs du Code ait été aussi généralement favorable aux époux que voudraient le faire entendre les partisans du système opposé ; ainsi, comme nous l'avons déjà remarqué, ils n'ont pas rétabli les avantages qui autrefois étaient accordés à l'époux survivant par la loi elle-même. D'autre part, où nos adversaires ont-ils vu une relation si intime entre les art. 16 et 151 du projet ? La quotité disponible entre époux étant d'un quart en propriété et d'un quart en usufruit se trouvait alors par cela même plus considérable que la quotité disponible ordinaire ; mais nulle part nous ne trouvons indiquée cette intention de nos législateurs de rendre le disponible entre époux supérieur quand même au disponible de droit commun ; s'il en eut été ainsi, à quoi bon faire dans l'art. 151 un paragraphe spécial pour le cas où il y avait des descendants ; il était beaucoup plus simple de réunir les deux espèces dans le même alinéa et de dire « l'époux peut donner à son conjoint « tout ce qu'il peut donner à un étranger.

« et, en outre, un quart d'usufruit s'il laisse
« des enfants, s'il n'en laisse pas, l'usufruit
« de la totalité de la portion dont la loi
« prohibe la disposition au préjudice des
« héritiers ». (Marcadé, *Dr. civ. fr.*, tome IV,
art. 1094, n° 1).

Il est plus sage de penser que nos législateurs ont réglé les droits de l'époux survivant en se basant sur ses besoins, et qu'ils ont écarté toute espèce de relation entre le disponible qui lui est spécial et celui qui serait destiné à un étranger quelconque. Quand il s'agit d'un étranger, le seul but qu'on se propose d'atteindre par l'institution d'une réserve est le respect du droit légitime d'une certaine catégorie de parents ; il est juste de faire varier suivant leur nombre la portion qui leur est réservée. Au contraire quand il s'agit de l'époux, la considération principale est, comme nous l'avons dit plus haut, la faculté qu'on veut laisser au prémourant d'assurer à son conjoint une partie des ressources dont ils jouissaient tous deux avant le décès. Qu'importe alors le nombre des réservataires? Les besoins de l'époux seront toujours les mêmes.

Telles sont les idées qui nous semblent avoir inspiré le législateur. Mais ce qui de-

vrait, selon nous, supprimer tout déba
sur la recherche de son intention , c'est
une observation présentée par la section du Tribunat. Au cours des travaux
préparatoires, après le changement de l'article 16 du projet, cette section proposa sur
l'art. 151 du projet, devenu depuis l'art. 1094
du Code civil, une modification dont l'adoption eut abouti au système combattu par
nous en ce moment, en voici les termes :
« Dans le cas où il y aurait des enfants, la
section pense qu'il est juste qu'un époux
puisse donner à l'autre tout ce dont il pourrait disposer, en propriété, c'est à-dire autant qu'il pourrait donner à un étranger, ou
la moitié de ses biens en usufruit ». (Fenet,
t. XII. § 467). Cependant on ne tint aucun
compte de cette observation, et le texte du
projet fut maintenu. Que doit on en conclure. C'est que : 1° la section du Tribunat
pensait que pour arriver au système soutenu
depuis par M. Benech, il était nécessaire de
donner à l'art. 151 du projet une nouvelle
rédaction, et que : 2° si les membres du con-
seil d'Etat avaient été animés de la pensée
de faveur que leur prêtent nos adversaires,
ils auraient immédiatement adopté la proposition du Tribunat, et transformé l'arti-

cle 151 du projet, c'est ce qu'ils n'ont pas fait.

Enfin M. Bigot-Préameneu, dans l'exposé des motifs au Corps législatif et M. Jaubert, lors de la communication officielle du projet au Tribunat, ont déclaré en propres termes que s'il restait des enfants ou descendants ne pourrait avoir qu'un quart en propriété et un quart en usufruit. Les paroles de M. Jaubert sont très-significatives, nous les citons textuellement : « Quant à l'émolument des dispositions entre époux, soit par donation, soit par testament, il faut distinguer : s'il reste des enfants du mariage, l'époux survivant ne peut avoir qu'un quart en propriété et un autre quart en usufruit, ou la moitié de tous les biens en usufruit seulement ; si la disposition avait excédé ces bornes, elle serait réduite proportionnellement ». Ainsi l'illustre annonce une distinction : Dans une des branches de cette distinction il renferme toutes les hypothèses où il reste des enfants du mariage, et il leur applique une règle uniforme, celle qui se trouve exprimée par l'art. 1094. On ne peut pas condamner plus explicitement le recours à l'art. 913. Quant à la subdivision que voudrait introduire M. Benech dans les cas où il existe des enfants du mariage, on en cherche en vain la trace dans le Code et même dans les travaux préparatoires.

Toutes ces circonstances et toutes les paroles que nous avons citées prouvent bien selon nous qu'il n'est point entré dans l'intention des rédacteurs du Code de faire varier la quotité disponible entre époux dans le même sens que la quotité disponible ordinaire, et que l'observation de M. Berlier sur l'art. 1098, isolée au milieu de tant d'indices opposés, résulte simplement d'une inadvertance (Demol., *Don. entre-vifs*, t. VI, n°s 499 et 500 — Marcadé, t. IV, art. 1094, n° 1 — Colmet de Santerre, t. IV, n°s 274 bis, I à VI — Proud'hon, *de l'usufruit*, t. I, n° 355 — Cour de Cass., 4 janvier 1869, Aff. Gayet).

143. Nous avons admis que si un époux a donné ou légué en usufruit à son conjoint une portion excédant les revenus de la quotité disponible, cette libéralité, quoiqu'elle affectât seulement la jouissance, devait être réduite au taux de ce disponible en pleine propriété; tel nous a paru le sens de l'alternative offerte par l'art. 1094. Parmi les partisans de cette opinion, quelques-uns ont refusé d'appliquer la même décision à la rente viagère; l'art. 1094 est muet sur ce genre de dispositions ; ne faut-il pas revenir à l'art. 917? Des auteurs l'ont pensé en se fondant sur ce qu'une rente viagère ne peut pas être assimilée à un usufruit ; car le donataire en usufruit supporte les charges usufructuaires ainsi que les chances de diminution de la jouissance ou du fonds sur les biens qui en font l'objet. Au contraire le donataire d'une rente viagère a une créance invariable, qui pourra se trouver bientôt dans une proportion excessive relativement à la valeur de la succession ; les règles établies seulement pour l'usufruit ne sont donc pas applicables aux rentes viagères ; par suite il faut laisser de côté l'art. 1094 et recourir à l'art. 917, qui évite toutes difficultés d'évaluation (Proudhon *de l'Usufruit*, t. 1, n° 345).

Dans une seconde opinion on s'accorde avec la première pour dire qu'il est impossible d'assimiler complétement la rente viagère à l'usufruit, mais on se rapproche de la troisième en refusant d'appliquer purement et simplement l'art. 917 ; on veut qu'il soit fait une estimation, et que la libéralité soit réduite, tout en conservant son caractère viager, à la valeur de la quotité disponible la plus forte, c'est-à-dire un quart en

propriété et un quart en usufruit (Cour de
Rouen, 8 avril 1852, *Aff. Papegay*).

Dans une troisième opinion, que nous
adopterons, l'art. 1094 concerne aussi bien
la rente viagère que l'usufruit, quand il
s'agit des libéralités entre époux. Dans l'idée
du législateur le disponible en jouissance ne
peut pas dépasser le disponible en pleine
propriété, que cette jouissance se présente
sous la forme d'un usufruit ou d'une rente
viagère ; l'art 17 du projet qui généralisait
cette règle à toute espèce de quotité disponible parlait de l'usufruit ou d'une pension,
(Fenet, t. I. § 371), l'art. 151, qui est devenu
notre art. 1094, n'était qu'une application
particulière de cette règle ; il faut lui donner
le même sens. Ajoutons que la première
opinion s'expose à autoriser une violation
flagrante de l'intention du disposant, qui
tenait peut-être vivement à ne rien abandonner à son époux en pleine propriété.

Seulement si les revenus des biens de la
succession diminuent. les arrérages de la
rente viagère seront eux-mêmes susceptibles
de réduction (Demolombe, *Don. entre-vifs*,
t. VI, nᵒ 503 — Colmet de Santerre, t. IV,
nᵒ 274 bis, VII).

111. A l'occasion de l'art. 1094 il naît

encore une difficulté sur la question de savoir si le disposant peut dispenser l'usufruitier de fournir caution pour la part d'usufruit excédant la quotité disponible ordinaire.
Ainsi un époux en présence d'un ascendant
a donné à son conjoint les trois quarts de
ses biens en pleine propriété et un quart en
usufruit, peut-il pour ce quart dispenser le
donataire de fournir caution ?

Des interprètes refusent d'appliquer ici
l'art. 601 du Code civil, on invoque un argument qui n'est pas sans force ; l'art. 601,
dit-on, suppose que celui qui a disposé de
l'usufruit était également le maître de la
nue-propriété, il pouvait donner la pleine
propriété ; à plus forte raison avait-il le droit
s'il ne donnait que l'usufruit, de dispenser
l'usufruitier de fournir caution ; mais, dans
la question qui nous occupe, ce motif
disparaît, le constituant n'a nullement la
disposition de la nue-propriété, cette nue-
propriété est une réserve au profit d'ascendants ou de descendants ; or il est de tradition constante que la réserve n'a jamais pu
être grevée de charges quelconques. En dis-
pensant de donner caution, vous amoindris-
sez le droit des réservataires, et l'atteinte
portée à la réserve est d'autant plus forte

aujourd'hui, que les valeurs mobilières ont acquis une importance considérable, et qu'il sera bien difficile, à défaut de caution, de sauvegarder la nue-propriété de ces valeurs. Nous trouvons encore un autre argument invoqué par la Cour d'Orléans dans un arrêt. Elle déclare qu'il n'y a pas lieu de combiner les art. 601 et 1094 du Code civil, parce que le titre des Donations a été promulgué long-temps avant la discussion et la publication du titre de l'usufruit. (Demol. *cours de Code civ.*, t. X, n° 493 — Marcadé, t. IV, n° 4 — Am. Boullanger, *journ. du Palais*, année 1858, 1. 680 — Cours d'Orléans, 23 février 1860, *Aff. Grateloup*).

Parmi ces arguments quelques-uns, nous l'avons dit, ne sont pas sans force. Mais ils ne nous semblent pas sanctionnés par notre loi. Le texte de l'article 1094 permet de donner un excédant en usufruit; mais pour les règles applicables à l'usufruit, il faut certainement, dans le silence de la loi, se reporter au chapitre qui traite spécialement de cette matière; l'article 601 du Code civil, autorise d'une manière très-générale celui qui constitue un usufruit à dispenser l'usufruitier de fournir caution. Nous ne voyons dans ce texte aucune trace de distiction.

Celle qu'on propose d'établir ici est donc purement arbitraire, d'autant plus qu'il ne résulte pas de la dispense de fournir caution, que la réserve soit entamée. Le *de cujus* a la faculté de disposer de l'usufruit tel que la loi française le comprend ; et le réservataire a droit à ce qui reste de la propriété, dont on a dégagé cet usufruit avec ses accessoires. Du reste les réservataires ne sont pas totalement dépourvus de moyens de recours. Si l'usufruitier abuse de son droit. ils pourront l'en faire déchoir par application de l'article 618 du Code civil. Toutefois nous croyons qu'il est impossible de nier que la réserve se trouvera parfois fortement compromise. Ainsi quand l'usufruit portera sur des sommes d'argent ou des valeurs au porteur, il sera bien difficile d'intervenir en temps opportun pour faire cesser s'il y a lieu, l'abus de l'usufruitier. Mais cette considération qui pourrait amener un changement de législation ne nous semble pas suffisante pour autoriser l'interprète à éluder un article formel. Quant à l'argument que nous avons cité d'un arrêt de la Cour d'Orléans, il a peu de valeur, car on pourrait le retourner et dire que l'article 601 du Code civil comporte la plus grande généralité ;

car le législateur l'a introduit dans le Code
en connaissance de cause, sachant que les
donations en usufruit porteraient quelquefois sur les biens réservés, et cependant il
n'a ajouté aucune exception. Du reste cet
arrêt a été cassé par un arrêt de la Cour Suprême, dans lequel nous trouvons une ex-
cellente formule de l'opinion que nous avons
défendue. « L'intention du législateur, ma-
« nifestée par la disposition de l'article 1094
« a été, en faveur du mariage, d'accorder
« aux époux le droit de grever la réserve
« d'un usufruit qu'il a laissé dans sa consti-
« tution, et dans les droits qu'il confère,
« soumis aux règles générales de l'usu-
« fruit. » (Demante, T. II, n° 442 liv. III.
Cour de Paris 7 avril 1858, *Aff. Devilliers.*
C. de Cass. 12 mars 1862. *Aff. Grateloup*).

CHAPITRE III.

QUOTITÉ DISPONIBLE ENTRE ÉPOUX LORSQUE LE DONATEUR A DES ENFANTS D'UN PRÉCÉDENT MARIAGE.

1 15. Nous avons vu, sous l'Empire Romain, des garanties accordées aux enfants d'un précédent mariage, d'abord par la constitution *Feminæ quæ*, dûe aux empereurs Gratien, Valentinien II et Théodose Ier. et ensuite par la Constitution *Hac Edictali*, promulguée sous les empereurs Léon et Anastase. La première de ces constitutions interdisait à la femme remariée de donner les biens laissés par son premier mari à d'autres qu'aux enfants issus de leur union. La seconde limitait à la part de l'enfant le moins prenant la quotité que le conjoint remarié avait le droit d'abandonner à son nouvel époux sur ses propres biens. Ces dispositions se maintinrent dans nos pays de droit écrit, et furent introduites dans les pays de droit coutumier sous François II par l'Edit des Secondes Noces.

146. Les rédacteurs du Code proposè-
rent de reproduire cette législation, avec
cette modification toutefois que la part de
l'enfant le moins prenant ne pourrait être
concédée au second époux qu'en usufruit
seulement. (Art. 178 du projet. Fenet, t. XII,
p. 415). Ce projet dans le cours de la discussion subit des changements profonds.
D'abord on refusa de consacrer au profit des
enfants du premier lit le privilége qui con-
sistait à leur réserver tous les biens laissés
par l'époux prédécédé au survivant. C'eut
été en effet rétablir une inégalité choquante
entre enfants de différents lits, et faire échec
au nouveau principe de notre droit d'après
lequel on ne s'occupe plus de l'origine des
biens pour régler leur transmission ; on sup-
prima donc cette première partie du projet.

Ce ne fût pas tout, on consentit à laisser
à l'époux remarié la liberté de donner à son
second époux la part de l'enfant le moins
prenant, même en pleine propriété, et en ce
sens on étendit le projet qui ne lui attribuait
ce droit qu'en usufruit, mais on ajouta d'un
autre côté, sur la proposition du tribun Ber-
tier, une très-grave restriction. Les donations faites au nouvel époux ne dûrent en
aucun cas excéder le quart des biens, quand

même le nouvel époux se trouverait en présence d'un ou deux enfants. (Fenet T. XII
P. 417). Cet amendement montre clairement
dans l'esprit de nos législateurs une tendance à restreindre plutôt qu'à augmenter
le disponible en faveur du nouvel époux.
Cette idée nous servira de guide dans la solution de différentes questions.

Voici les termes de l'article 1098, tels
qu'ils résultèrent de toutes ces discussions :
« L'homme ou la femme qui, ayant des en-
« fants d'un lit, contractera un second ou
« subséquent mariage, ne pourra donner à
« son nouvel époux qu'une part d'enfant lé-
« gitime le moins prenant, et sans que, dans
« aucun cas, ces donations puissent excéder
« le quart des biens. »

117. Nous remarquerons d'abord que
cet article est, comme l'article 1094, une
règle de statut réel et non pas de statut
personnel; malgré la forme employée, il
apparaît que le but immédiat de l'article
est un règlement de succession, et par conséquent de transmission de biens. On ne
pourrait objecter qu'il s'agit ici d'une dé-
chéanche personnelle, encourue à titre de
peine par suite du second mariage ; car rien
n'autorise à croire que notre législateur ait

voulu édicter une pénalité contre les seconds
mariages, c'est plutôt une garantie qu'il a
prise pour le cas où il en résulterait des conséquences iniques à l'égard des enfants d'une
première union. Aussi pour juger si la quotité disponible a été dépassée, c'est au jour
du décès et non point au jour de la disposition, qu'il faudra se placer. (Demolombe,
Don. entre vifs. T. VI n° 552.)

148. L'article 1093 restreint fortement
la quotité disponible à l'égard du nouvel
époux, le plus souvent elle sera notablement
inférieure au disponible en faveur d'un
étranger, qui se compose toujours au moins
du quart des biens du *de cujus*. Il serait facile d'éviter cette rigueur, s'il suffisait pour
classer la libéralité parmi les dispositions
adressées à un étranger de la constituer quelque temps avant le mariage. Mais les juges
ne s'en tiennent pas à la lettre de la loi, et
répriment la fraude partout où ils la trouvent ; s'ils pensent que la libéralité a été
faite en vue du second mariage, ils la sou-
mettront à l'article 1098 ; ce sera une question de fait que les juges devront décider
d'après les cirsconstances ; il sera souvent
difficile de savoir si les parties en s'avanta-
tageant ont pensé à leur union conjugale ;

les juges, dans cette appréciation, appliqueront la règle d'après laquelle la mauvaise foi ne se présume pas. (Demol. Même vol. nº 574. Pothier. *Contr. de Mar.* nº 548. — Marcadé. T. IV. Art. 1098 nº 1.

149. D'après les termes cités plus haut de l'article 1098, il semblerait que pour donner lieu à la réduction, il suffit qu'il existât des enfants de premier lit au moment de la célébration du second mariage. Le moment du décès n'aurait aucune importance. Il ne faut pas tenir compte de ces termes ; il convient au contraire de statuer suivant l'esprit de la loi. L'article 1098 est une règle de statut réel ; il a pour but de garantir aux enfants du premier lit leurs droits dans la succession de leur père ou de leur mère, il n'y a donc lieu de s'occuper que de ceux qui existent au moment où s'ouvre cette succession. (Demolombe. Même vol. nº 552 à 554.)

150. Le même article ne parle que des enfants légitimes ; les petits enfants issus d'un enfant précédé pourraient aussi bien l'invoquer ; il comprend également les enfants légitimes puisqu'ils ont les mêmes droits que les enfants nés du mariage. Pour l'enfant adoptif, la question est controversée ; nous lui donnerons le même recours, car il a dans la

succession de l'adoptant les mêmes droits
que l'enfant issu du mariage; quant à l'enfant naturel, il est évident que l'article 1098
le laisse complètement à l'écart: ses droits
sont déterminés par les articles 756 et suivants, il ne peut rien réclamer en dehors.
(Cassation 12 juin 1866, *Calmettes*). C'est
ainsi que l'a jugé la C. Cassation (12 Juin
1866) « Attendu, dit l'arrêt, qu'en fixant
à une part d'enfant légitime le moins prenant, dans l'hypothèse d'un second mariage
et lorsqu'il existe des enfants nés du premier lit, le maximum des avantages que le
nouveau conjoint pourra recevoir de l'autre
époux, cet article exclut, sans équivoque
possible, l'enfant naturel du bénéfice de sa
disposition, et ne met en présence du second
conjoint que les enfants légitimes nés du
premier mariage».

151. Que déciderons-nous sur les enfants renonçants? Pothier, nous l'avons vu,
(*Tr. des Don. entre-vifs*. Section VII. Par. 2.)
leur permettait d'invoquer l'Edit des Secondes Noces, et cette opinion était généralement admise dans notre ancien droit; nous
la repousserons formellement aujourd'hui,
comme la réserve de l'article 1098, car la
réserve ordinaire, n'est dans notre droit

qu'une partie de la succession *ab intestat* ; et ce qui le prouve, c'est que partout la loi a procédé en indiquant ce qu'il est permis au disposant de donner, quant à la portion réservée elle même le Code n'en a rien dit et s'est ainsi référé aux règles sur la succession *ab intestat* ; or pour avoir une part quelconque dans une succession, il est nécessaire de ne pas avoir renoncé. Le raisonnement dont Pothier se sert pour arriver à établir le droit des enfants non héritiers ne paraît pas très-convaincant ; il dit en effet que l'objet donné est hors de la succession, que par conséquent les enfants le recueillent comme enfants et non pas comme héritiers ; mais on a répondu avec beaucoup de vérité que cette proposition n'est évidemment pas exacte pour les bien légués, car ils ont toujours été considérés comme faisant partie de l'hérédité ; elle ne l'est même pas pour les biens donnés entre-vifs, car la réduction a pour but de les faire rentrer dans la succession. De plus ce raisonnement nous conduirait trop loin, on l'appliquerait toujours, à quelque personne que la donation eût été faite. Nous voulons plutôt croire que cette interprétation était une conséquence de la Tradition ; l'Edit des Secondes

Noces venait du droit Romain et avait passé par l'intermédiaire du Droit écrit ; or dans
ces deux législations on considérait généralement la légitime comme une portion des
Biens, par conséquent on pouvait y avoir
droit sans se porter héritier ; *legitima pars
bonorum, non pars hereditatis ;* pour l'Edit
des Secondes Noces, Pothier subissait l'influence de cette théorie, que notre Code n'a
pas consacrée. Nous n'admettrons donc à l'action en retranchement ni les renonçants, ni
les indignes. (Demolombe. Même vol. n° 564
Aubry et Rau. T. vii, P. 283.).

152. La restriction de l'article 1098 n'est
imposée à l'époux remarié qu'à l'égard de
son époux ; la loi, il est vrai, pour écarter les
tentatives de fraude, établit dans un article
suivant une présomption d'interposition de
personnes ; mais en réalité, la seule qualité
qui donne lieu à la restriction est celle d'é-
poux d'un second ou subséquent mariage ;
par suite on ne peut pas l'opposer aux enfants du nouveau mariage, on aurait à la
rigueur compris que la loi étendît jusque là
sa protection, car le second époux exercera
son influence aux dépens des enfants du
premier lit aussi bien pour favoriser ses
propres enfants que pour se procurer des

avantages à lui-même ; il y sera même d'autant plus porté qu'il se donnera ainsi l'apparence du désintéressement ; aussi Ricard
(*Donations*, Partie III, n° 1232), nous dit
que « ç'a été une grande question de savoir
« si l'édit de 1560 était applicable aux en-
« fants communs que la femme, qui avait
« convolé en secondes noces. avait de son
second mari. »Toutefois cette considération
ne l'avait pas emporté dans notre ancien
droit, (Ricard, Partie III, n° 1233 et 1234),
à plus forte raison devrait-elle être écartée
par les rédacteurs du Code qui avaient un
plus grand respect de l'égalité entre les enfants de différents lits.

153. Il est bien évident que les deux quo-
lités disponibles des articles 913 et 1098 ne
peuvent pas être cumulées ; il en résulterait
une réduction considérable de la réserve,
qui en ferait un non-sens ; et la quotité disponible de l'art. 1098 se confond d'une façon
bien plus apparente encore que celle de l'article 1094 avec le disponible de droit commun, puisque rien ne les distingue que la
mesure. (Demolombe. Même vol. n° 556. —
Aub. et Rau T. VII p. 285).

154. Si les libéralités atteignent la réserve la plus forte, il faut les réduire d'après

les règles que nous indiquerons dans un cha-
pître ultérieur ; la quotité disponible la plus
forte ne doit pas être excédée au total, et la
libéralité faite au second conjoint doit se
renfermer dans la limite fixée par la loi
quand même la réserve de droit commun ne
serait pas atteinte par toutes les libéralités
réunies ; si le disponible ordinaire est le plus
fort, l'époux qui aura donné au nouveau conjoint la quotité disponible de l'article 1098,
pourra laisser à un étranger ou à un de ses
enfants le surplus du disponible ; ou, s'il
avait d'abord fait une libéralité à un étranger sans absorber le disponible ordinaire,
l'excédant de ce dernier pourra être attribué
au conjoint, pourvu qu'il ne soit pas supérieur
à ce qu'il est permis au conjoint de recevoir.

155. Toutefois, une difficulté particulière s'élève quand la quotité disponible de
l'art. 1098 est inférieure à la quotité disponible du droit commun, et que l'époux après
avoir fait d'abord à son conjoint par contrat
de mariage une donation irrévocable de
biens présents, qui n'absorbe pas la quotité
disponible ordinaire, en lègue le surplus à
un étranger ; cette dernière libéralité diminue
la part de chacun des enfants, et par cela
même diminue aussi la part revenant au

conjoint, l'irrévocabilité de la donation ne sera-t-elle pas un obstacle à l'action en retranchement ?

Ainsi supposons une personne qui laisse quatre enfants ; elle a, par son contrat de mariage abandonné 20,000 fr. à son conjoint, puis elle lègue à un étranger une somme de 5,000 fr., sa succession se compose, en dehors des 20,000 fr. donnés, d'une somme de 80,000 fr., l'étranger réclamera son legs de 5.000 fr. puisque pour lui la quotité disponible est du quart, c'est-à-dire de 25,000 fr., dès lors il n'y aura plus sur la masse à partager entre le conjoint et les enfants, qu'une somme de 95,000 fr., et la part de l'enfant le moins prenant, comme celle de l'époux, se trouvera réduite à 19,000 fr. l'époux ne pourra-t-il pas opposer aux enfants agissant en réduction l'exception d'irrévocabilité de sa donation ?

Ce moyen semblera d'autant plus puissant dans l'espèce, qu'un des motifs invoqués pour justifier l'ordre dans lequel on procède à la réduction des donations est tiré de leur irrévocabilité. Si, dit-on, on ne commençait pas par les dernières, on laisserait au donateur une trop grande facilité pour se soustraire au principe de l'irrévocabilité.

Cependant nous pensons qu'on doit faire triompher la prétention des enfants. Car, pour le cas de la réduction ordinaire, si on peut anéantir sans scrupule les donations postérieures à celles qui ont épuisé la quotité disponible, c'est que le *de cujus* les a faites à un moment où il n'était plus le maître de disposer du reste de son patrimoine à titre gratuit ; mais telle n'est pas la situation que nous envisageons ; après la donation des 20,000 fr., la succession se trouvait encore libre jusqu'à concurrence de 5,000 fr., pourquoi le conjoint disposant n'aurait il pas usé de son droit ? Si la donation d'abord faite à son époux se trouve atteinte. ce résultat est dû, non pas à sa volonté de révoquer. mais aux conséquences des dispositions de la loi. On peut dire, en outre, que le principe d'irrévocabilité des donations perd beaucoup de sa force à l'égard des donations entre conjoints, même par le contrat de mariage, puisqu'on peut les faire sous conditions protestatives, de la part du donateur (Demolombe (*Traité des don.* t. VI, n°s 568 et 569).

156. En quoi consiste la quotité disponible de l'art. 1098 ? Nous avons vu que le droit du conjoint se limite à la part de l'en-

fant légitime le moins prenant, le conjoint
sera ainsi, en vue du calcul, considéré comme
un enfant de plus.

Pour déterminer cette part, on comptera
non-seulement les enfants légitimes, mais
encore les légitimés et les enfants adoptifs,
puisque nous leur avons attribué les mê nes
droits : nous compterons aussi les petits-enfants issus d'un enfant prédécédé, mais pour
une seule tête, puisqu'ils n'ont droit qu'à
une part ; nous ne prendrons en considération que les enfants qui auront accepté la
succession ; quant aux renonçants et aux
indignes nous ne les admettrons pas plus à
faire nombre pour le calcul de la quotité
disponible qu'à prendre part dans la portion
réservée. L'enfant naturel ne sera pas appelé
non plus à faire nombre, puisqu'il n'a qu'une
partie du droit d'un enfant légitime, seulement on défalquera sa portion, comme celle
des donataires non réduits, et en divisant
l'actif ainsi formé en autant de parties qu'il
y a d'enfants plus une, on obtiendra la part
de l'enfant le moins prenant.

157. Nous savons que sur la proposition
du tribun Berlier on a ajouté à l'art. 1098
ces mots : « Et sans que dans aucun cas
ces donations puissent excéder le quart des

biens. » Une grande controverse s'est élévée sur la portée de notre article, un époux qui s'est remarié plusieurs fois a disposé en faveur de chacun de ses nouveaux conjoints, on s'est demandé comment on appliquera alors l'art. 1098, et il s'est formé jusqu'à trois opinions.

Dans un premier système, on prétend que chacun des conjoints peut garder une part d'enfant, pourvu qu'elle n'excède pas le quart, et que les libéralités réunies des conjoints ne dépassent pas la quotité disponible de l'article 913 ; ainsi un homme veuf a convolé en seconde et en troisième noces ; à son décès il ne laisse pour héritier à réserve qu'un enfant de son premier mariage, il a pu donner un quart de ses biens à sa seconde femme, et un autre quart à la troisième; on s'appuie dans cette opinion sur les termes de l'article « ne pourra donner *à son nouvel époux* qu'une part d'enfant légitime le moins prenant » ; on fait ressortir la différence qui existe entre ces mots et ceux qui étaient employés dans l'Edit : « Les veuves ne pourront donner à *leurs nouveaux maris* » l'Edit s'exprimait d'une façon collective , tandis que le Code semble fixer séparément la part de chacun des conjoints (Duranton, t. IX, n° 804).

Dans une seconde opinion on suit le même raisonnement, et on pense également qu'il est permis de donner à chacun des conjoints la part de l'enfant légitime le moins prenant, mais on fait une réserve à raison des derniers mots ajoutés à l'art. 1098 « et sans, que dans aucun cas, ces donations puissent excéder le quart des biens. » Cet article ne permet donc pas de dépasser au total le quart des biens; l'emploi du pluriel ne laisse aucun doute, il s'agit évidemment de toutes les donations réunies (Demante, t. IV n° 278. Cette opinion a été adoptée par M. Colm. de Santerre dans le même ouvrage, n° 278 (*bis*), XI).

Nous rejetons l'une et l'autre de ces opinions, et nous prétendons que notre Code n'a fait ici que reproduire la disposition de l'Edit des secondes noces, c'est-à-dire que les libéralités faites aux époux ne perront pas dans leur ensemble excéder la part de l'enfant le moins prenant; les raisons données autrefois par Pothier (*Traité des donations*, section III, art. 7, par. 3; *Traité des contr. de mar.*, n° 566), existent toujours; les subséquents mariages ne sont une pas occasion de se relâcher de la protection à accorder aux enfants du premier lit ; il leur faut au contraire des garanties plus fortes contre les influences hostiles qu'ils auront successivement à supporter, d'ailleurs on ne trouve dans les travaux préparatoires aucune trace de l'innovation que prétendent voir les partisans des autres opinions dans la nouvelle rédaction de notre article ; il est permis, au contraire, de penser que les auteurs du Code étaient encore moins favorables que nos anciens législateurs aux nouveaux époux, puisqu'ils ont mis à la quotité disponible de l'article 1098 une restriction qui n'existait pas autrefois dans l'Edit. (Demolombe, *Don.*, t. VI, n° 572. — A. et Rau, 7° vol., page 286. — Marcadé, art. 1098 n° 3.)

158. Une autre difficulté s'élève encore sur l'art. 1098 ; l'époux peut avoir disposé en usufruit et avoir ainsi excédé la quotité disponible en revenus ; or l'art. 1098 ne présente pas d'alternative comme l'art. 1094 ; que faut-il décider ? Dans l'opinion la plus commune on a recours à l'art. 917 ; les réservataires seront obligés de souffrir l'usufruit tel qu'il leur est imposé par la disposition de leur auteur, ou d'abandonner la quotité disponible en pleine propriété. Cepen-

dant nous avons déjà émis cette idée que la
loi a voulu renfermer dans notre chapitre
une théorie complète des dispositions entre
époux ; nous en ferons ici l'application ; nous
n'osons pas faire un emprunt à la disposition un peu exceptionnelle de l'art. 917 ; ce
serait d'autant plus grave que cette règle
nous semble assez hardie puisqu'elle trans-
forme, peut-être contre la volonté du *de cu-*
jus une disposition de jouissance en une disposition de pleine propriété ; parmi les partisans de ce système il en est qui tranchent
la difficulté en transportant à notre cas l'application de l'art. 1094 ; ce procédé nous
semble encore entaché d'arbitraire ; rien
n'autorise à étendre cette décision en dehors de l'hypothèse que ses auteurs ont
eu en vue ; nous concluons donc en disant
que le conjoint ne pourra pas avoir en usufruit plus d'une part d'enfant n'excédant
pas un quart, il y a, nous en convenons, une
lacune dans la loi ; il ne nous appartient
pas de la combler.

159. La loi, en ne permettant à l'époux
remarié de donner à son nouveau conjoint
qu'une part d'enfant légitime le moins prenant n'entend pas l'obliger à disposer sous
la forme de donation de biens à venir ; c'est

une limite qu'elle lui trace, mais en deçà de cette limite, le conjoint a son entière liberté; toutefois, lorsqu'on aura employé cette forme (et c'est ce qui arrive fréquemment, car les parties s'en remettent le plus souvent pour la rédaction des actes aux notaires, dont les formules ne sont pas très-variables), il faudra appliquer les règles propres à cette donation, c'est-à-dire qu'elle sera caduque par le prédécès du donataire, même quand elle aura été faite par contrat de mariage ou pendant le mariage. (Demolombe, t. 6. *Don.* n. 579.) Tel était autrefois l'avis de Pothier, ainsi qu'on peut le voir dans son *Traité du Contrat de mariage*, nº 595, où il cite l'autorité de Renusson (*Commun.* Part ch. 3, nº 72.)

160. Le Code, en disant : la part de l'enfant légitime le moins prenant, suppose donc qu'il y a une certaine inégalité dans les attributions de chacun d'eux ; cette circonstance était très-fréquente dans l'ancien droit où régnaient les priviléges d'aînesse et de masculinité (Pothier. *Traité des Don. entre vifs*, section III, art. VII, par. 2); elle se présente beaucoup moins souvent aujourd'hui. Ce qui arrivera encore quelquefois, c'est que le *de cujus* ait gratifié l'un de ses en-

fants par *préciput* était ainsi rendu les parts
inégales ; c'est la moins forte qui formera la
part du conjoint. Mais il faut observer que
le droit du conjoint n'est pas à la discrétion
d'un enfant qui se contenterait d'une part
inférieure à sa réserve; le conjoint peut réclamer tout ee que l'enfant légitime le moins
prenant obtiendrait, s'il faisait valoir ses
droits ; la question avait déjà été agitée dans
l'ancien droit, et résolue dans le même sens.
(Pothier, *Traité des Don. entre vifs*, section
III, art. VII, par. 2. Ricard, *Traité des donations*, partie III, n⁰ 1264 et suiv.)

161. Ce procédé employé ordinairement
par les conjoints dans leurs libéralités en
faveur de leurs nouveaux époux, fera surgir
une difficulté de fait dans le cas où le convolant sera décédé sans laisser d'enfants; à
quel taux faudra-t-il estimer sa libéralité?
C'est, avant tout, une question d'interprétation de volonté ; la solution résultera des
circonstances qui auront entouré l'acte de
donation. A défaut d'indication de fait, la
question nous semble en droit assez difficile
à résoudre, nous serions porté à appliquer la
règle : « Onus probandi incumbit ei qui
dicit, » et à ne donner à l'époux que le maximum de ce que peut atteindre une part

d'enfant légitime le moins prenant, c'est-à-dire un quart des biens ; mais ce sera souvent s'exposer à marcher en sens inverse de l'intention vraisemblable du donateur, qui aura entendu donner à son époux tout ce dont la loi iui permettrait de disposer. A l'appui de notre interprétation, nous pouvons citer l'autorité de Pothier, qui cependant donne au conjoint la moitié, suivant la loi 164, par. 1. *D. Verb. Signif.* au Dig.; car à cette époque. la part du conjoint n'était pas limitée à un maximum d'un quart ; en se plaçant comme nous l'avons fait dans la situation la plus avantageuse pour le conjoint, on se trouvait lui attribuer la moitié. (Sec. III, art. VII, par. 8 ; Demolombe, *Tr. des Don.* t. VI, par. 190. A et Rau, t. 7, p. 287. Marcadé, art. 1098, n° 2.)

La question se résoudrait d'une façon analogue dans le cas où le conjoint remarié ne laisserait qu'un ou deux enfants du second mariage, nous ne donnerions tout de même au donataire qu'un quart de la succession.

162. Sur quels biens se détermine cette quotité disponible ? Il faut faire une masse de tous les biens existants et y réunir fictivement tous ceux qui ont été donnés autrement que par préciput ; et on calculera sur

cette masse la part de chaque enfant et celle
de l'époux. Celui-ci peut demander la réunion
même des libéralités faites à l'enfant si elles
ne sont qu'un avancement d'hoirie, ou leur
réduction si, constituant un préciput, elles
entament la réserve; et si l'on nous objecte
que nous violons les articles 857 et 921, nous
répondrons que, pourvu que les biens existants dans la succession suffisent à remplir
le conjoint donataire de ses droits, le rapport
aussi bien que la réduction ne sont que
fictifs, c'est un procédé employé pour arriver
à liquider ies droits de chacun; mais ce n'est
ni un rapport, ni une réduction réels; le conjoint se borne à se défendre contre ceux qui
voudraient amoindrir la libéralité dont il a
été avantagé. (Demol, *Tr. des Don. entre
vifs*, t. 6. n⁰ 594. A. et Rau, t. 7, p. 285.)

163. La question est plus vivement
discutée dans le cas où c'est contre l'époux
lui-même que s'est exercée la réduction, sera-
t-il admis à profiter des biens soumis à réduction, ou ceux-ci viendront-ils augmenter
exclusivement la réserve des enfants ? Ainsi
un époux remarié qui laisse quatre enfants
et des biens d'une valeur de 100,000 fr. avait
fait par contrat de mariage à son nouveau
conjoint une donnation de 25000 fr. à pren-

dre sur sa succession ; d'après les règles du
droit commun la quotité disponible est de
25000 fr., la réserve de 75000 fr., la part de
chacun des quatre enfants est donc de 18750 fr
celle de l'époux survinant doit aussi être
de 18750 fr. ; il reste donc un excédant de
6250 fr., que va-t-on faire de cet excédant ?
Nous pensons que pour composer la part
du conjoint, il faut tenir compte des biens
réduits, et nous partagerons cet excédant
entre les cinq ayants droit, ce qui formera
pour chacun d'eux une part totale de 20000 fr.;
le systeme contraire attribuerait au conjoint,
la somme de 18750 fr. revenant à chaque
enfant dans la réserve ordinaire, quant au
surplus on le partagerait seulement entre
les quatre enfants.

Pour défendre ce dernier système on invoque l'article 921 qui interdit aux donataires de profiter de la réduction ; on invoque en outre la tradition d'abord les dispositions de la loi Hac-Edictali, où il est
dit : « *Id quod relictum, vel datum fue-*
« *rit, tanquam non scriptum, nec derleic-*
« *lum, vel donatum, vel dalum sit, ad per-*
« *sonas deferri liberarum, et inter eos di-*
« *vidi jubemus* ». La Novelle 22. Chap. VII
reproduisait la même idée dans des termes

encore plus formels. Ricard s'inspirant de
ces textes décidait que les enfants étaient
seuls appelés à profiter de la réduction; et
Pothier, en exposant le sentiment de ce
jurisconsulte , semble lui donner son approbation (Ricard, *Don* partie III N° 1319
et suiv. Pothier, *Contrat de Mar.* N° 594 ; —
Troplong, *Tr. des Suc.* N° 2606 a 2607.)

Nous diminuerons d'abord la force de l'argument historique, en lui opposant la glose
sur la loi *Hac Ecdictali*, qui attachait un
sens différent aux termes que nous avons
cités ; ce sentiment était partagé par Renusson *(Traité de la Communauté* Partie IV.
Chap. 3 N° 67) et finit par être adopté
aussi par Pothier Tr. des *Don entre vifs*
sect 3, Art. 7 Par 4. Quand à l'argument
tiré de l'article 921, nous repondrons, comme
dans les hypothèses précédentes, qu'en
réalité l'époux ne profite pas de la réduction; au contraire il se défend contre une
action en réduction qui lui est intentée à
lui-même, en la renfermant dans les limites
où elle doit s'exercer. Ce système est de plus
inconciliable avec les articles 922 et 1098 de
notre Code. D'abord l'art. 922 prescrit pour
le calcul de la quotité disponible la réunion
de tous les biens: or, quand on fixe la

quotité disponible et la part de chaque
enfant à la somme de 18750 fr., on fait
abstraction des 6250 fr. soumis à réduction, on ne comprend pas tous les biens
dans le calcul ; la part d'enfant le moins
prenant est, si l'on se conforme aux règles
de l'article 922, de 20.000 fr. En second lieu
l'article 1098 permet de donner au conjoint une part d'enfant légitime le moins prenant ; dans notre système il reçoit bien cette
part ; si au contraire on lui interdit de
concourir sur les biens soumis à réduction,
il est privé d'une partie de ses droits ; l'opinion adverse se met donc en contradiction
avec les textes de la loi, (Demolombe *Don-
entre-vifs* Tom, 6 Nos 598 et s. s. — A et Rau
Tom. VII Page 221).

CHAPITRE IV.

COMBINAISON DE LA QUOTITÉ DISPONIBLE
ENTRE ÉPOUX AVEC LA QUOTITÉ DISPONIBLE
ORDINAIRE.

164. La quotité disponible entre époux
est (au moins dans l'opinion générale) tantôt
plus étendue, tantôt plus faible que la quotité disponible ordinaire. Quand le *de cujus*
se trouve avoir disposé en même temps au
profit de son conjoint et au profit d'autres
personnes, nous avons à concilier les droits
de deux catégories de donataires ou de légataires à l'égard desquels le disponible est
différent; cette situation soulève de très-
graves difficultés, que nous allons examiner.

165. D'abord la pensée de la loi n'est-
elle pas de permettre le cumul des deux
quotités disponibles, c'est à dire que d'une
part le conjoint pourrait donner la quotité
disponible entre époux à son conjoint, et
d'autre part le disponible de droit commun

à toute autre personne ? On l'a soutenu autrefois et il a même été jugé dans ce sens
par la Cour d'Agen. (Arrêt du 27 août 1810,
Af. Boucaul). Mais on est d'accord aujour-
d'hui pour repousser cette idée. En effet on
arriverait par le cumul à des résultats inac-
ceptables ; en présence d'un ascendant réservataire, la quotité disponible dépasserait
l'universalité du patrimoine ; en présence
d'un enfant unique, la réserve serait réduite
à un quart en nue-propriété. Les textes de
la loi viennent confirmer cet argument tiré
du bon sens : car il n'est pas douteux que
dans le cas où la réserve appartient aux
ascendants, le disponible entre époux est
composé avant tout du disponible ordinaire,
et ensuite de quelque chose de plus ; c'est ce
que prouvent les expressions dont on s'est
servi dans l'article 1094. « De tout ce dont
« il pourrait disposer en faveur d'un étran-
« ger, et, en outre etc. etc. » Or il est de
toute évidence qu'on ne donne pas deux fois
le même objet. La législation intermédiaire
avait, il est vrai, admis le cumul ; mais le
résultat, par suite de la modicité de la quotité disponible ordinaire, était beaucoup
moins choquant qu'il ne le serait aujour-
d'hui.

166. Si on s'accorde pour repousser le cumul des deux quotités disponibles, on ne s'entend pas moins pour admettre qu'on peut en faire concurremment usage; c'est dans les combinaisons diverses auxquelles peut donner lieu ce concours, que naissent les difficultés.

Pour plus de clarté dans leur exposition nous en diviserons l'examen en trois parties;

Dans une première partie nous supposerons le conjoint en présence seulement d'un descendant.

Dans une seconde partie nous prendrons les cas où la quotité disponible entre époux se trouve la plus forte. Cette partie se subdivisera elle-même en trois sections qui comprendront, la première l'hypothèse où la donation faite à l'étranger a précédé la donation au conjoint, la deuxième celle où les deux dispositions sont simultanées, et la troisième celle où la donation entre époux est la première en date.

Dans une troisième partie nous examinerons le procédé qu'il faut employer pour arriver à la réduction.

PREMIÈRE PARTIE.

UN SEUL DESCENDANT COMME RÉSERVATAIRE.

167. Nous savons que quand le conjoint n'a en face de lui qu'un enfant réservataire, c'est la quotité disponible entre époux qui se trouve la plus faible, nous ne rencontrons ici aucune controverse, l'application de deux règles incontestables suffit à établir les droits de chacun. Tout le monde admet que le conjoint ne pourra recevoir au-delà de sa quotité disponible spéciale et qu'au total les libéralités ne pourront excéder la quotité disponible ordinaire; si le *de cujus* a donné un quart en pleine propriété et un quart en usufruit à son époux il pourra encore disposer d'un quart en nue propriété en faveur d'un étranger; et il en serait de même si la disposition entre époux était la dernière en date, pourvu que la quotité ordinaire n'eût pas été absorbée et que la libéralité adressée à l'époux n'excédat pas la quotité de l'article 1094. (Demol *T. des don.* T. VI n° 512).

Supposons que le conjoint ait reçu la moitié en propriété, cette libéralité devra être réduite à un quart en propriété et un quart en usufruit ; si le *de cujus* a fait un legs à une autre personne, celle-ci poursuivra l'exécution de son legs jusqu'à concurrence de ce qui reste libre de la quotité |disponible ; on pourrait encore ici être tenté de présenter une objection tirée de la règle d'après laquelle le légataire ne peut demander la réduction, ni en profiter ; dans notre hypothèse le légataire fait-il autre chose en réalité que de demander la réduction ?

Cette objection ne porte pas au moins dans le cas où le conjoint n'a pas été mis en possession des biens donnés ; car ce que demande le légataire ce n'est pas du tout la réduction, c'est simplement l'application régulière du procédé indiqué par la loi pour parvenir à déterminer la quotité disponible et la réserve ; le disponible au profit du conjoint n'ayant pas pu absorber toute la quotité disponible ordinaire, l'étranger est en droit de faire attribuer l'excédant à son legs. Mais nous n'irons pas plus loin, nous ne donnerons pas au légataire une action contre le conjoint mis en possession avant le décès du donateur, car ce serait alors violer l'article 921.

DEUXIÈME PARTIE.

LA QUOTITÉ DISPONIBLE ENTRE ÉPOUX EST
LA PLUS FORTE.

168. C'est ce qui peut arriver dans plusieurs hypothèses : d'abord quand le *de cujus* ne laisse que des ascendants, puisque
cette quotité disponible se compose alors de
la quotité disponible ordinaire, et, en outre,
de l'usufruit de la portion réservée aux ascendants, 2° quand le *de cujus* laisse trois
enfants, ou un plus grand nombre, puisqu'alors la quotité disponible entre époux
est toujours d'un quart en propriété, plus
un quart en usufruit tandis que la quotité
disponible ordinaire n'est que d'un quart en
propriété ; Enfin 3° la quotité disponible
entre époux peut être plus considérable que
l'autre quand les enfants réservataires sont
au nombre de deux ; en effet la quotité disponible ordinaire se trouve alors fixée à un
tiers ou 8/24, tandis que la quotité disponi-

ble entre époux se compose d'abord de 1/4 ou 6/24, et ensuite de l'usufruit d'un quart qu'on estime généralement dans la pratique, à moins de circonstances particulières, à la moitié de sa valeur en pleine propriété, c'est à dire dans l'espèce à 3 24 ce qui formerait un total de 9/24, par conséquent supérieur de 1/24 à la quotité disponible de droit commun. Si même nous adoptions l'opinion d'après laquelle il faudrait pour le droit civil se conformer à l'estimation imposée par la loi du 22 frimaire an VII sur l'enregistrement, la quotité disponible entre époux serait toujours la plus forte en présence de deux enfants, puisqu'elle serait invariablement évaluée à 9.24 en pleine propriété ; mais nous pensons que cette thèse n'est pas soutenable en équité ; pour la perception des droits la nécessité a obligé à prendre une base fixe, mais on ne peut l'étendre en dehors de son objet ; la valeur d'un usufruit dépend de l'âge ou de la santé de l'usufruitier, et varie avec les circonstances ; aucun texte ne conduit à lui donner en droit civil une estimation uniforme et arbitraire.

PREMIÈRE SECTION.

La disposition au profit du conjoint est la dernière en date.

169. L'accord s'est produit sur cette hypothèse ; car nous n'avons encore ici qu'à appliquer les deux règles incontestables, dont nous avons déjà fait mention. savoir : que chacun des bénéficiaires ne peut pas obtenir plus que la quotité disponible qui lui est particulière, et que les libéralités réunies ne peuvent pas dépasser le plus fort disponible. La seule difficulté en notre matière est de savoir si les donataires et légataires étrangers peuvent directement ou indirectement bénéficier du disponible spécial à l'époux ; or lorsque l'étranger ou l'un des enfants a été gratifié le premier, il est évident qu'il n'a été capable de recevoir qu'un quart en propriété ; il reste pour l'époux survivant un quart en usufruit. qui lui sera attribué sans heurter aucun droit. (Demol don. T. VI n° 516).

Cette dernière proposition n'a pas toujours été aussi généralement admise qu'elle

l'est aujourd'hui, on a soutenu en effet que
la loi, en ajoutant à la quotité disponible un
surplus en faveur de l'époux, entendait que
pour disposer de ce surplus il fallut au moins
avoir déjà abandonné à l'époux tout le disponible ordinaire ; mais que si on avait fait
auparavant des libéralités à des étrangers,
c'est que le surplus était jugé inutile, et par
suite ne devait pas être employé. Ce raisonnement n'a pas prévalu. Il arrivera il
est vrai, que certaines distributions de la
quotité disponible seront choquantes ; mais
ce n'est pas un motif suffisant pour restreindre sans droit la liberté du disposant. Le
législateur a fait une loi nécessaire dans de
nombreuses circonstances ; si cette loi se
trouve quelquefois inopportune, il n'en serait pas moins arbitraire de la violer sans y
être autorisé par un texte.

DEUXIÈME SECTION.

*Les dispositions en faveur de l'époux et de
l'étranger ou de l'enfant sont simultanées.*

170. Ainsi il y a trois enfants, l'époux
a reçu un legs d'une moitié en usufruit, et

l'étranger un legs d'un quart en nue-propriété; ces deux dispositions s'exécuteront
intégralement. car aucune d'elles ne dépasse
la quotité disponible qui lui est particulière, et leur total n'exède pas la quotité disponible la plus forte; nous ne reviendrons
pas sur l'objection qu'on pourrait être tenté
de faire en prétendant que l'excédant ne
doit être entamé en faveur de l'époux que
si on lui a donné la quotité ordinaire tout
entière; nous venons de la réfuter dans la
question précédente en proclamant la liberté
du disposant.

Il est bien entendu, que nous comprenons
par dispositions simultanées non-seulement
celles qui ont été faites par le même acte
de donation, ou par le testament, mais encore celles qui proviennent de testaments
différents, puisqu'ils n'ont tous qu'une date
unique, celle du decès (Demolombe. *Don.*
T. VI. Nᵒ 517 et suiv. — *Aubry. et Rau.*
T. VII. page 268.

TROISIÈME SECTION.

*La donation au conjoint est la première
en date.*

171. C'est ici que la difficulté s'aggrave ;
plusieurs hypothèses se présentent, et les
systèmes varient avec les hypothèses.

172. Un conjoint a reçu une donation
par contrat de mariage, et cette donation a
pour objet un quart des biens en propriété :
postérieurement le conjoint donateur, en
supposant qu'il laisse trois enfants à son
décès, peut-il faire une autre libéralité d'un
quart en usufruit à l'un de ses enfants ou à
un étranger ? Ou encore, un conjoint ne
laissant qu'un ascendant pour réservataire,
après avoir donné les troits quarts de ses
biens à son époux. est-il le maître de léguer
à un étranger l'usufruit de la portion réservée ? Il semble que rien ne s'oppose à l'exécution de ces nouve'les libéralités puisque
le *de cujus* n'aurait excédé la quotité disponible la plus forte au total dans aucune de
nos hypothèses, et que les bénéficiaires ne

seraient pas respectivement appelés à une portion supérieure à leur disponible particulier. Cependant nous répondrons négativement.

C'est que si nous decomposons la quotité disponible entre époux, nous voyons qu'elle est formée. 1° En propriété, de tout ce dont l'époux pourrait disposer en faveur de l'étranger, quand il laisse des ascendants, et, du quart de ses biens quand il laisse des enfants; dans le projet ce quart en propriété formait aussi la quotité disponible en faveur des étrangers. 2° Et. en outre, de l'usufruit d'une portion de la réserve.

On peut conclure de cette observation que la quotité disponible entre époux se confond pour la pleine propriété avec la quotité disponible ordinaire; sa marque distinctive, dans l'esprit des rédacteurs du Code est la portion d'usufruit ajoutée au disponible en propriété. Cet usufruit n'a été ajouté qu'en faveur de l'époux; l'époux seul a le droit d'en profiter, et non pas un enfant, ni un étranger; or, dans les espèces que nous avons énoncées, si nous permettions au *de cujus* de nouvelles dispositions en usufruit en faveur d'un étranger, celui-ci profiterait d'un bénéfice qui ne lui est pas destiné.

En outre, il n'est pas absolument vrai de dire que si l'usufruit du quart était accordé à l'enfant ou à l'étranger, la quotité disponible la plus forte ne serait pas dépassée ; car l'usufruit reposant sur la tête d'un étranger ou d'un enfant sera généralement plus onéreux pour les réservataires que l'usufruit constitué au profit du conjoint ; d'une part l'enfant sera toujours plus jeune d'une génération que l'époux donataire ; d'autre part, il n'est pas indifférent pour un nu-propriétaire de voir l'usufruit de son bien à la discrétion de son père ou de sa mère ou au pouvoir de toute autre personne. (Demol, *Don*, T. 6, N° 5. — *Contra* Colmet de Sant. T. 4, N° 286 (*bis*, V I).

173. Supposons maintenant qu'en présence de trois enfants, la liberalité faite à l'époux par contrat de mariage au lieu d'être d'un quart en propriété, soit d'une moitié en usufruit. Cette hypothèse quoiqu'on en ait dit, diffère très-nettement de celle que nous venons d'envisager. Lorsque la donation a d'abord porté sur la pleine propriété, elle s'est exercée sur la quotité disponible de l'article 913, comme sur celle

de l'article 1094 ; car, comme nous l'avons
expliqué plus haut, ces deux disponibles
se confondent pour la pleine propriété ; en
touchant à l'un, on atteint l'autre en même
temps. si au contraire, le donateur a gratifié son conjoint de la moitié en usufruit,
ne peut-on pas soutenir que cette donation
s'exerce pour un quart sur la quotité disponible spéciale de l'article 1094? Et puisque
le quart en usufruit, ajouté en faveur de
l'époux au disponible ordinaire, ne se confond plus avec celui-ci, mais au contraire
ne peut s'exercer qu'en entamant la réserve
de droit commun au profit des descendants,
n'est-il pas raisonable de prétendre que la
donation a absorbé d'abord le quart en usufruit pris sur la réserve spécialement en
faveur de l'époux et ensuite seulement l'u-
sufruit de la quotité disponible ordinaire ?
Ce disponible resterait ainsi encore libre
pour la nue-propriété. Cependant la Cour de
cassation, dont la jurisprudence paraît défi-
tivement établie aujourd'hui, se refuse à
tenir compte de la différence ; elle applique
purement et simplement la doctrine que
nous avons admise nous-même dans le
cas où la donation au conjoint a porté sur
la pleine propriété, et pour voir si la

quotité disponible n'a pas été épuisée, on donne à l'usufruit une valeur estimative en pleine propriété, cette doctrine d'abord combattue par une partie des Cours d'appel est plus favorablement accueillie aujourd'hui par ces mêmes Cours et devient même de pratique constante. (Voir pour comp. Cour de Toulouse 24 juin 1852. *Aff. Lamarque* et même Cour, arrêt du 20 déc. 1871. *Aff. Pagès.* Cour de cassation 11 janvier 1853. *Aff. de Chanaleilles*).

A l'appui de son système, la jurisprudence invoque plusieurs arguments : 1° Généralement une moitié en usufruit équivaut à un quart en propriété, et ainsi une donation de moitié en usufruit doit suffire pour éteindre la quotité disponible ordinaire; le deuxième donataire n'est pas admis à se prévaloir de la faveur qui est accordée seulement au conjoint; dès que la quotité disponible au profit de ce dernier a été réglée, l'article 1094 ne compte plus; il est indifférent pour la fixation des droits du second donataire, que le premier ait ou n'ait pas été favorisé. 2° Il y a pour un conjoint deux quotités disponibles, l'une que l'on peut qualifier d'ordinaire, l'autre que l'on traitera d'extraordinaire; le *de cujus* n'est-il pas censé avoir voulu disposer avant tout de son crédit ordinaire, c'est-à-dire du disponible de droit commun ?

Nous sommes parfaitement d'accord avec le premier système pour déclarer que le second donataire ne peut pas se prévaloir de la faveur qui est accordée au conjoint; mais ce que nous prétendons c'est que même dans notre opinion le second donataire ne fait appel qu'à la quotité disponible qui lui est propre, et ne se fonde nullement sur le droit du conjoint. Nous répétons que la libéralité faite à l'époux s'impute de telle façon qu'elle laisse libre sur la quotité disponible ordinaire un quart en nue-propriété.

On nous objecte qu'une répartition analogue serait possible dans l'hypothèse où la première disposition a compris la pleine propriété, on n'aurait qu'à décomposer la propriété en ses deux éléments, le quart en usufruit serait imputé sur la quotité disponible de l'article 1094; et la nue-propriété sur celle de l'article 913, il resterait donc disponible même au profit d'un enfant ou d'un étranger un quart en usufruit. Nous ne croyons pas à la possibilité de ce procédé d'imputation ; d'abord la théorie de la loi est, en ce qui concerne la propriété, de confondre

les deux qualités disponibles; une fois que
le *de cujus* a donné un quart en pleine propriété, sa quotité disponible de droit commun est épuisée; et en dépit de toutes les
subtilités, il ne lui reste plus de libre qu'un
quart en usufruit au profit du conjoint. De
plus, cette répartition serait inexacte, et on
la conçoit difficilement, en ce sens que l'u-
sufruit conservé sur la quotité disponible
ordinaire, se trouverait complété pour former la pleine propriété par une nue-propriété avec laquelle il ne s'adapterait pas,
car à l'extinction de l'usufruit donné en
dernier lieu à l'étranger, la consolidation se
fera avec la portion réservée aux descendants, tandis que la nue-propriété qui le
complète d'après la répartition proposée par
nos adversaires, appartient à l'époux. Enfin
la quotité disponible la plus forte serait
excédée, puisque les libéralités se compose-
raient d'abord d'un quart en pleine propriété, et, en outre, d'un usufruit sur la tête
et au profit d'une personne plus jeune que le
conjoint. Voilà, il nous semble, des motifs
suffisants de distinguer les deux hypothèses,
et de les traiter différemment.

L'argument sur lequel la jurisprudence
appuie principalement son système est celui

qui consiste à prétendre qu'il ne faut plus,
pour la fixation des droits de l'enfant ou de
l'étranger, tenir aucun compte de la présence
de l'époux, ou du moins qu'on doit le dépouiller fictivement de cette qualité pour le
considérer lui-même comme un bénéficiaire
étranger. C'est encore une conception à laquelle nous avons de la peine à nous sou-
mettre. L'époux existe et c'est en cette seule
qualité d'époux qu'il reçoit la portion d'usufruit dont la loi dans l'art. 1094 lui a fait un
bénéfice spécial. Cette circonstance est capitale ; loin de la négliger, il convient au contraire de lui donner toute son importance
dans l'imputation des libéralités sur la quotité disponible, si on veut que cette imputation soit régulière et conforme aux décisions
du Code. Du reste les partisans du système
opposé, comme nous le verrons plus loin,
n'appliquent pas leur principe dans toutes
ses conséquences ; car ils admettent notre
procédé quand il s'agit de dispositions simultanées, et font ainsi, d'après leur propre raisonnement, profiter l'étranger de la présence
de l'époux.

Quant au second argument de la Cour de
cassation, qui attribue au *de cujus* l'intention de disposer de son crédit ordinaire,

avant d'entamer le crédit extraordinaire, il nous paraît en opposition absolue avec la réalité des choses. Il ne s'agit pas ici de crédit ordinaire ou extraordinaire, mais d'un crédit au profit d'un époux ou au profit d'un étranger. Lorsqu'une personne aura disposé en faveur de son époux, ne doit-elle pas être plus raisonnablement supposée avoir usé du crédit destiné à cet époux ? Du reste il y a encore à cet argument une réponse plus péremptoire, c'est que le disposant souvent n'aura pas une notion exacte des distinctions entre les quotités disponibles, et qu'on se conformera certainement à son intention en lui réservant autant que possible sa liberté d'action sur les biens dont il est propriétaire.

De notre côté nous prétendons que la théorie de la Cour de cassation est en opposition avec l'esprit général du Code, tel qu'il nous apparaît sur le mode de calculer la réserve ; les rédacteurs du Code semblent avoir toujours voulu prohiber les estimations plus ou moins arbitraires d'usufruit ; c'est ainsi qu'ils avaient d'abord décidé que les libéralités en revenus ne pourraient pas être plus larges que les libéralités en propriété, quand ils eurent modifié leur opinion au sujet de

la quotité disponible ordinaire, ils ne permirent pas davantage les estimations des
revenus, ils introduisirent alors l'art. 917 ;
et si nous n'étendons pas l'application de
cet article à la quotité disponible entre époux
c'es que selon nous, pour cette quotité nos
législateurs ont conservé l'ancienne règle de
l'égalité du disponible en propriété et en
jouissance ; mais jamais nous n'admettrons
qu'il soit conforme à notre loi sur la réduction de se livrer sur les valeurs abandonnées
simplement en usufruit à une estimation,
qui sera très arbitraire en pratique, puisqu'on s'en tient généralement à l'évaluation
de la loi de frimaire an VII.

Les partisans du système opposé sont très
embarrassés si, au lieu de supposer des libéralités successives , nous leur proposons
l'exemple de libéralités simultanées ; ainsi
les deux libéralités (d'une moitié en usufruit
au profit du conjoint et d'un quart en nue-
propriété au profit d'un des enfants) se trouvent dans le même testament, la Cour de
cassation admet alors que les deux dispositions doivent s'exécuter concurremment, car
la quotité disponible la plus forte n'est pas
excédée au total, et aucune des deux dispositions ne dépasse le disponible qui lui est

spécial. Il y a dans cette différence de solutions une contradiction que nous ne pouvons pas nous expliquer ; car, dans notre espèce, la Cour de cassation attache à la présence du conjoint l'importance qu'elle refuse de lui attribuer quand les dipositions sont successives, et l'enfant va profiter de cette présence aussi bien que si la donation au conjoint avait précédé la remise.

Dans ce système on est aussi fort gêné pour fixer les attributions des ayants droit quand le *de cujus*, laissant deux enfants réservataires a donné à son conjoint la moitié en usufruit et légué à un étranger le quart de ses biens : La quotité disponible pour l'étranger est de 1/3 ou 4/12, le conjoint, d'après l'estimation ordinaire, a reçu 3/12, il reste un douzième disponible ; quelques arrêts l'ont attribué à l'étranger, réduisant ainsi les revenus de la réserve à 5/12 de tout le patrimoine ; d'autres arrêts ont été moins hardis, et afin de laisser aux réservataires le revenu de la moitié des biens, ils ont transformé le 1/12 de propriété disponible en 1/6 de nue-propriété. Toutes ces solutions arbitraires et contradictoires, auxquelles conduit le système que nous combattons, ne fournissent-elles pas une nouvelle arme contre lui?

Dans notre système, au contraire, la difficulté se résout très facilement ; on attribue un tiers en nue-propriété à l'étranger, la quotité disponible la plus forte, il est vrai, sera dépassée de 1/12 en nue-propriété ; mais il ne serait pas exact de dire que c'est là une cause nécessaire de réduction ; une telle règle n'est formulée nulle part dans le Code, et si nous avons bien établi que l'excédant d'usufruit accordé à l'époux est pris sur la réserve, on ne verra aucune difficulté à admettre que le tiers en nue-propriété de la quotité disponible est resté libre pour le *de cujus*, même après sa donation au conjoint.

Enfin notre système, qui nous semble en harmonie avec la lettre et l'esprit ne notre législation, est appuyé par les considérations les plus graves. Tout le monde sait avec quelle facilité, quelle imprudence les futurs époux se font par contrat de mariage des donations universelles. Il arrivera donc que dans la plupart des cas ils se seront privés dès le commencement du mariage de tous droits dans la transmission de leur patrimoine, alors même que leur quotité disponible ne sera pas absorbée entièrement. « On aboutit à cette alternative, a dit un auteur, ou d'empêcher les donations par contrat de mariage, ou de priver les père et mère de la faculté de disposer, par préciput, en faveur de l'un de leurs enfants, de la quotité disponible, et de leur enlever, au grand détriment du bon ordre des familles, cette précieuse sanction de leur gouvernement domestique. » Et nous pouvons ajouter que ce sera ce second danger, le plus grave, qui se présentera le plus souvent.

174. Mais heureureusement la Cour de cassation, arrêt du 3 juin 1863. *Aff. Molis*, valide les moyens employés pour éluder cette interprétation rigoureuse. Si un des époux a, pendant le mariage, fait une donation en usufruit à son conjoint, et qu'il veuille ensuite avantager par préciput l'un de ses enfauts, il n'a qu'à révoquer sa première libéralité pour la renouveler à une date postérieure au don préciputaire. On pourra échapper aux conséquences de la doctrine admise par la jurisprudence, même pour les libéralités contenues dans le contrats de mariage, en les consentant sous l'un des modes autorisés par l'art. 1086 du C. civ. ; on constituera par exemple l'avantage sous cette condition que si le donateur dispose plus tard en faveur d'un étranger ou d'un enfant, cette dernière donation sera

considérée comme la première en date (Demol., *Tr. des don.*, t. VI n° 520 et s. s. —
Aub. et Rau, 4° édit., t. VII, page 263. —
Valette, *Droit* du 11 mars 1846. — Marcadé,
art. sur arrêt Chanaleilles, *Journ. du Palais*,
année 53, t. 1, pages 130 et s. s.).

175. M. Marcadé, dans cet article, où
nous avons trouvé très-clairement exposées
toutes les raisons qui militent en faveur de
notre système, semble restreindre son opinion au cas où l'époux a donné en usufruit à
son conjoint toute la quotité disponible, c'est-
à-dire la moitié de ses biens. Nous n'admettrons pas davantage cette restriction. Dès que
le *de cujus* a disposé en usufruit en faveur
de son conjoint, il est raisonnable, et vrai-
semblablement conforme à son intention,
d'imputer cette libéralité sur le disponible
spécial au conjoint ; les mêmes motifs se
présentent, quelque soit le montant de la
donation, nous ne ferons aucune différence.
et ainsi nous appliquerons une idée contenue dans l'art. 1156 du C. civ., relative aux
conventions : « Lorsqu'une clause est sus-
« ceptible de deux sens, on doit plutôt l'in-
« terpréter dans celui avec lequel elle peut
« avoir quelque effet, que dans le sens avec
« lequel elle n'en produirait aucun. »

176. Il nous reste à examiner l'hypothèse ou un conjoint remarié a fait des donations d'abord à un premier époux et ensuite à son second époux, si nous supposons,
pour simplifier, que ce soient, les seules per-
qui aient été avantagées, nous repousse-
ons toute application de la quotité dispo-
nibl ordinaire, nous ne ferons intervenir
qu° les quotités disponibles entre conjoints
des art. 1094 et 1098 du C. civ. ; il s'agira
de les combiner. Nous repousseégalement
le cumul de ces deux quotités disponibles,
car nous arriverions encore ici à ne laisser aux enfants qu'une réserve dérisoire ; les
dispositions destinees à les protéger se re-
tourneraient contre eux (Demol *Don. entre
vifs*, t. 6, n° 537).

Nous disons que la quotité disponible de
l'art. 1094 ne peut pas être dépassée au total
et que le nouvel époux est incapable de recevoir au delà du montant de la quotité disponible de l'art. 1098. Ainsi une personne
meurt laissant deux enfants, elle a déjà fait
à un premier époux une donation en usufruit d'une valeur égale au quart des revenus
de sa succession, elle peut encore avantager
son nouvel époux d'un quart en pleine propriété.

TROISIÈME PARTIE.

RÉDUCTION.

177. Supposons maintenant qu'en fait la réserve se trouve entamée, de quelle façon procederons-nous à la réduction ?

En principe, il faut appliquer les règles **de** droit commun contenues dans les art. 923 et 926 du Code civ Pour le premier de ces articles, il n'y a pas de difficulté : on ne réduit les donations entre-vifs qu'après avoir supprimé les dispositions testamentaires ; et, quand on arrive aux donations on commence par la dernière pour remonter ensuite par l'ordre des dates jusqu'à la plus ancienne ; ce procédé ne présente rien de particulier pour les dispositions entre époux.

178. Mais lorsqu'il s'agit de réduire des libéralités, soit testamentaires, soit entre-vifs, mais comprises dans un même acte, la différence dans le taux des quotités dispo nibles donne lieu à de nouvelles difficultés pour déterminer la proportion dans laquelle chaque libéralité doit subir la réduction.

179. D'abord un donataire est incapable de recevoir au delà du montant de la quotité qui lui est spéciale ; par conséquent, si elle est dépassée, il faut commencer par ramener la libéralité dans les limites qui lui sont imposées (A. et Rau t. VII, p. 269 et 270).

180. Cette opération terminée, on examine si l'ensemble des libéralités excède le disponible le plus fort ; lorsque l'excès est constaté, il faut procéder à une nouvelle réduction. Dans le système que nous avons adopté sur la combinaison du disponible ordinaire avec celui de l'art. 1094, on détermine sans peine, pour les hypothèses qui se présentent au sujet de cette combinaison, la part de chaque donataire ou légataire ; en effet, nous avons admis que l'excédant d'usufruit constitue la seule différence existant entre le disponible de l'art. 1094 et le disponible ordinaire ; cette portion d'usufruit forme un disponible particulier qui n'a rien de commun avec l'autre, les libéralités qui l'atteignent, ne s'imputent en aucune façon sur le disponible ordinaire ; par conséquent, s'il se présente des cas où un époux se trouve concurremment gratifié avec un étranger nous attribuerons d'abord à l'époux le quart en usufruit. et nous soumettrons ensuite les deux bénéficiaires à une réduction proportionnelle au montant du disponible commun.

Nous proposerons encore une solution analogue lorsque l'époux donateur n'aura laissé qu'un enfant commun ; l'excédant, au moins dans notre opinion, se trouve alors en faveur de la quotité ordinaire, il consiste en un quart de nue-propriété, on l'attribuera à celui qui seul peut en profiter, et on réduira ensuite sa donation et celle de l'étranger suivant une base commune.

181. Dans le système suivant lequel les deux quotités disponibles se confondent, sauf pour le montant, les libéralités seront réduites concurremment, mais dans une proportion inégale, puisque la base servant à la réduction ne sera pas la même pour toutes ; il s'agit de trouver un procédé équitable. La difficulté se présentera aussi pour nous dans le cas où il y aura lieu de combiner la quotité disponible ordinaire avec la quotité disponible spéciale aux conjoints par second ou subséquent mariage ; nous allons donc l'examiner, et avec d'autant plus d'intérêt que notre système sur les quotieés disponibles n'est pas le plus comunément admis en jurisprudence, et que la solution est identique pour les deux hypothèses.

Nous prendrons comme exemple le cas où un conjoint laissant un enfant d'un précédent mariage, a légué à un étranger le montant de la quotité disponible de l'art. 913 du Code civ., c'est-à-dire une moitié des biens, et au second époux également le montant du disponible qui lui est propre, c'est-à-dire un quart. Les deux dispositions absorbent au total les trois quarts des biens, et excèdent ainsi le plus fort disponible ; pour parvenir à une réduction équitable, trois systèmes ont été proposés.

Dans une première opinion, on prend pour base dela réduction le disponible le plus fort, et on réduit les legs dans la même proportion. Ce système est manifestement injuste, ainsi dans notre exemple le conjoint se trouvera favorisé, car son legs sera réduit comme s'il se trouvait en contact avec une réserve seulement de la moitié, tandis que la portion réservée contre lui est des trois quarts; le légataire étranger sera lésé au même degré que le conjoint aura été avantagé (Toullier, T. V, n° 872).

Un second système choisit comme base de

la réduction la quotité disponible commune
aux deux légataires, c'est-à-dire la plus faible
dans notre hypothèse un quart, et, la réduction opérée, on attribue au légataire de la
moitié l'excédant de son disponible sur
sur l'autre. Mais une injustice, analogue à
celle que nous avons signalée dans le premier
système, va se produire en sens contraire,
on favorise maintenant le légataire du plus
fort disponible aux dépens de l'autre ; le légataire étranger recevant à l'exclusion de
son colégataire la partie du disponible dont
celui-ci ne peut pas profiter vient encore
pour la totalité de son legs concourir sur la
portion commune disponible, c'est le faire
bénéficier deux fois d'un même avantage
(Delvincourt T. II, p. 223).

Aussi un système intermédiaire a été proposé : du moment, dit-on, que vous aban-
donnez exclusivement au légataire du
plus fort disponible l'excédant de ce dispo-
niblesur l'autre, faites abstinction jusqu'à concurence de cette valeur du montant de son legs dans le concours sur le
disponible commun, et vous aurez ainsi
une répartition plus équitable, un des légataire ne se prévaudra pas d'une partie de
son legs de deux côtés à la fois, et sur la por-

tion la plus faible du disponible les deux légataires concourront à juste titre dans la
même proportion, puisqu'ils y auront des
droits égaux (Marcadé, art. 1100, n° 4. —
Boutry, n°ˢ 494-806.)

182. Un autre genre de dispositions
soulève une nouvelle difficulté. Jusqu'ici
nous n'avons raisonné que sur des libéralités
formant des quotes parts du patrimoine *de
cujus* mais supposons qu'un conjoint ait légué à son époux ses meubles en propriété, et
ses immeubles en usufruit ; la quotité disponible se trouve dépassée, puisque la totalité de ce que peut recevoir un époux ne va
pas en revenus au-delà de la moitié de la
succession, nous sommes donc obligé de
réduire la libéralité ; la difficulté sera
de découvrir un système conciliant les
règles indiquées par le Code avec l'intention
la plus vraisemblable du disposant.

On a proposé de composer une masse de
tous les biens de la succession et d'accorder
sur tous ces biens au conjoint le maximum
de la quotité disponible, c'est-à-dire sans distinction un quart en propriété et un quart
en usufruit. C'est même la solution qui a
été consacrée par un jugement du tribunal
de Vire (11 mai 1861). Une objection très-

grave a été présentée aux partisans de cette opinion, c'est qu'ils ne tiennent aucun compte de la volonté du testateur, celui-ci a manifesté l'intention de réserver à ses héritiers la nue-propriété de tous ses immeubles il est difficile d'abandonner la pleine propriété d'aucun d'eux au donataire, l'art. 917, nous l'avons vu, ne peut pas être invoqué à propos des dispositions entre époux. Aussi le jugement du tribunal de Vire a été réformé par la cour de Caen.

Une autre opinion suivant de plus près l'intention du testateur, maintient la division de la succession en deux parties ; l'une comprenant les biens mobiliers et l'autre, les biens immoboliers et elle applique séparément les règles de la réduction à chacune de ces parties ainsi on abondonne au conjoint le quart en propriété et le quart en usufruit sur les meubles. et le quart en usufruit sur les immeubles (Bertauld, Rev. Prat. de Droit français, T. 13. p. 87). Ce système, qui parait rationnel, est malheusement en opposition avec l'art. 923 C. civ., qui veut que pour déterminer la quotité disponible on fasse une seule masse de tous les biens existants au jour de décès. Il aurait du reste l'inconvénient, si la valeur des meubles n'atteint pas le quart de la succession, de réduire sans motif et par suite injustement la donation en pleine propriété.

Une troisième opinion assure entier effet à la disposition susceptible de s'exécuter intégralement sans atteindre la réserve; par exemple si, dans l'espèce nous assignons aux meubles une valeur de un huitième sur toute la succession, on laissera au légataire la pleine propriété du mobilier tout entier ; quant au legs de l'usufruit des immeubles, il sera réduit au quart. Ce procédé est très-arbitraire; pourquoi ne donner au conjoint que le quart de l'usufruit des immeubles alors que la quotité disponible se trouve encore libre pour une partie.

Nous ne lui connaissons qu'une autorité, Celle de M. l'avocat général Farjas, qui l'a soutenue sans succès devant la cour de Caen.

Dans un quatrième système adopté par la cour de Caen, on abandonne, comme dans celui que nous venons d'examiner, la totalité des meubles au conjoint, ce qui représente comme nous l'avons supposé, un huitième de la succession; puis on lui laisse trois autres huitièmes en usufruit sur les immeubles. En effet l'usufruit des biens de la succession restait encore libre pour les trois huitièmes puisque l'époux a droit à un quart en propriété et un quart en usufruit et que un huitième en pleine propriété seulement avait été absorbé. Ce système. tout en tenant compte de l'intention probable du disposant, ne viole aucune des règles de la réduction, c'est donc lui qui doit triompher (Cour de Caen, 14 mars 1862. Aff. Brionne. — Cour de cass., 28 mai 1862. Aff. Labajouderie. — Demol. Don. T. 6 n°s 543 et suiv. — Feugerolles, Observ. citées au journal du Palais en note sur l'arrêt de la Cour de Caen. Année 1862, p. 1144.)

Nous ferons cependant observer qu'aucun de ces procédés n'étant absolument satisfaisant, il sera sage dans la pratique, de s'attacher surtout aux termes de l'acte et à la volonté présumée du testateur ou donateur et de ne s'en écarter que quand elle sera tout à fait inconciliable avec les textes du Code.

CHAPITRE V.

SANCTION DES RÉGLES SUR LES DISPOSITIONS
ENTRE ÉPOUX.

183. Les rédacteurs du Code ont pensé
que pour mettre un frein aux libéralités dé-
sordonnées des époux, il ne suffisait pas de
leur trace des limites ; ils ont prévu le danger des simulations ; de là les articles 1099
et 1100.

Art. 1099. « Les époux ne pourront se
« donner indirectement au de là de ce qui
« leur est permis par les dispositions ci-
« dessus.

« Toute donation, ou déguisée, ou faite
« à personnes interposées, sera nulle. »

Art. 1100. « Sont réputées faites à per-
« sonnes interposées, les donations de l'un
« des époux aux enfants ou a l'un des en-
« fants de l'autre époux issus d'un autre ma-
« riage, et celles faites par le donateur aux
« parents dont l'autre époux sera héritier
« présomptif au jour de la donation, encore

« que ce dernier n'ait point survécu à son
« parent donataire. »

184. Avant de préciser avec détail le
sens de ces dispositions, il nous semble utile de nous fixer sur l'étendue de leur application ; on a prétendu en effet qu'ils n'étaient
qu'une conséquence de la rigueur toute particulière du législateur à l'égard des époux
mariés en secondes noces ; que dès lors ils
se rapportaient seulement à l'article 1098,
qui les précède immédiatement (Touiller,
Tome 5 n° 881.)

Ce système tombe devant une lecture at-
tentive du texte ; l'article 1099 dit *les époux
et les dispositions ci-dessus*, c'est donc que
d'une part il s'adresse non pas seulement à
l'époux remarié, mais aux époux en général,
et que d'autre part il se réfère non seulement à l'article 1098, mais encore à l'ensemble des règles ci-dessus, c'est-à-dire contenues dans le Chapitre, par conséquent à l'article 1094, et même à l'article 1096. Quand
il s'agit d'un époux remarié, la loi s'est mon-
tree, il est vrai, plus rigoureuse, en restrei-
gnant d'une manière plus étroite le disponible, mais il ne s'ensuit nullement qu'on n'ait
pas pris de précautions contre les tentatives

de fraude tout aussi probables sur l'article 1094.

185. Pour l'art. 1096 qui proclame le principe de la révocabilité des donations entre époux pendant le mariage, la question peut paraître plus délicate, au moins dans une hypothèse, quand il n'existe pas d'héritiers réservataires. Un des époux fait à l'autre pendant le mariage un avantage indirect ; cet avantage, s'il avait eu lieu dans les conditions d'une libéralité ordinaire, aurait été entièrement valable ; il ne nuit à aucune des personnes protégées par la loi, la seule circonstance qui en fait une donation indirecte va-t-elle suffire à l'annuler ? On trouve des auteurs qui, tout en consentant à appliquer la sanction des art. 1099 et 1100 à l'art. 1094, se refusent à prononcer la nullité des donations déguisées quand elles ont pour seul effet d'éluder le principe de la révocabilité ; telle est notamment la doc- de M. Troplong, au moins dans son *Traité des don. entre-vifs*, t. IV, n° 2741, *Cour de cass.*, 7 février 1849, *Aff. de Ville d'Avray*).

Nous n'accepterons encore ici aucune distinction ; l'art. 1099 est très-général et son application à l'art 1096 n'est pas dénuée de raison. En effet, la révocabilité des donations entre époux pendant le mariage est une des règles fondamentales de notre matière ; on est donc en droit de penser que le législateur s'est efforcé d'en assurer l'efficacité. Du reste, si on concède qu'un héritier réservataire pourrait invoquer les articles 1099 et 1096 combinés, il faut aller jusqu'au bout et reconnaître le même droit aux héritiers simples, car l'art. 1096 proclame la révocabilité des donations pendant le mariage d'une façon générale, et non pas seulement en présence d'héritiers réservataires (Demol. *don.* t. VI, n°s 607 et suiv. ; M ircadé, art. 1099, n° 1).

Maintenant que nous nous sommes expliqué sur la généralité à donner aux dispositions de l'art. 1099, nous allons en rechercher le sens précis ; et d'abord nous avertissons que pour simplifier nous admettrons comme vérité l'opinion de la jurisprudence qui valide les donations déguisées. Pour cette étude nous emprunterons à la loi la division en deux parties que nous trouverons dans l'art. 1099.

1º *Libéralités indirectes.*

186. La première partie de l'art. 1099 est ainsi conçu · « Les époux ne pourront se donner indirectement au delà de ce qui leur est permis par les dispositions ci-dessus. » Cette disposition de l'article est une traduction d'une règle de bon sens ; il ne doit pas être permis d'échapper, à l'aide de détours, aux règles de la loi ; mais si les rédacteurs du Code ont inséré ici cette prescription d'une manière aussi formelle, c'est que d'abord ils redoutaient davantage la fraude en cas de secondes noces, et qu'ensuite ils devaient, ainsi que nous le prouvent les articles 1496 et 1527, protéger les enfants d'un précédent mariage avec beaucoup plus de soin que les réservataires ordinaires.

187. Par donations indirectes, on entend en général les avantages procurés en l'absence des formalités ordinaires des donations. Ainsi celui qui renonce à une succession dans le but unique de laisser arriver l'héritier du degré subséquent, fait à celui-ci une une libéralité indirecte ; cette expression n'a pas du reste de définition bien exacte, elle sera plus on moins large suivant les points de vue et suivant les auteurs. Certains jurisconsultes y comprennent le don manuel et la remise de dette ; d'autres, au contraire, les considèrent comme des donations directes. Toutes les libéralités que nous venons de citer, dans quelque catégorie qu'on les fasse rentrer, sont soumises de droit commun à la réduction ; il en est de même des avantages intercalés, pour ainsi dire, dans les actes à titre onéreux, comme une vente à trop bas prix et sans but principal de gratifier. Les donations déguisées peuvent aussi à un point de vue passer pour des libéralités indirectes ; nous aurons à examiner si les rédacteurs du Code ne leur ont pas dans notre matière assigné un sort distinct; mais ce que nous déclarons dès à présent. c'est que même à l'égard des étrangers, ces avantages n'échappent point aux règles de réduction, car les art. 842 et 843 du Code civil sont conçus en termes généraux et concernent les donations faites directement ou indirectement.

188. Nous avons annoncé une protection plus minutieuse des enfants d'un précédent mariage ; nous allons voir en effet s'accroître en leur faveur le nombre des do-

nations indirectes au point de vue de la ré-
-duction ; on considère à ce sujet comme
libéralités indirectes des clauses qu'à tout
autre égard on traite comme actes à titre
généreux. Les art. 1494 et 1527 (3°) déclarent
que les conventions de mariage autorisées
par le Code produiront tous leurs effets, sauf
le droit des enfants d'un précédent mariage ;
et cependant on lit dans l'art. 1525 à propos
de *préciput* « que cette convention n'est
« point réputée un avantage sujet aux règles
« relatives aux donations, soit quant au
« fond, soit quant à la forme, mais seule-
« ment une convention de mariage et entre
« associés. » La loi s'est, avec juste raison,
montrée plus prévoyante à l'égard des enfants d'un précédent mariage, car ils ne
viendront pas, comme les enfants communs,
recueillir dans la succession de l'époux avantagé une part de biens lui provenant du chef
de son conjoint.

189. La loi nous fournit elle-même un
exemple de ces conventions qu'elle considère
à l'égard des enfants d'un précédent mariage comme de véritables libéralités, et
soumet à l'art. 1098 : (art. 1496) c'est une
communauté où viennent se confondre dans
une proportion inégale les biens et les

dettes des deux époux. Ainsi deux personnes se marient sous le régime de la communauté, la femme y apporte 20,000 fr., le mari de son côté y concourt pour 4,000 fr., et encore cette somme est grevée d'une dette de 2,000 fr. Si les héritiers réservataires étaient des ascendants ou des enfants communs, la convention s'exécuterait sans aucun obstacle et ne serait pas soumise à l'action en retranchement, puisqu'elle ne serait même pas considérée comme libéralité. Mais comme la loi a une sollicitude toute particulière pour les enfants d'un précédent mariage, elle leur donne une arme contre ces générosités indirectes. Si la succession de la femme, dans notre espèce, se compose uniquement de sa part dans l'actif de la communauté, et que cet actif s'élève seulement au montant des apports, c'est-à-dire à 22,000 fr., l'avantage fait au mari en cas d'acceptation de la communauté par les héritiers de la femme, sera de la moitié de l'excédant de l'apport de la femme sur celui du mari, ici 9,000 fr.; l'enfant du précédent mariage n'ayant droit qu'à 11,000 fr., sera en droit de demander la réduction de l'avantage reçu par le second conjoint; ce n'est qu'un exemple, la règle serait la même pour les autres conventions de communauté ; ainsi pour le forfait : si l'un des conjoints par cette convention se trouve bénéficier d'un avantage plus considérable que celui qui lui serait advenu d'un règlement ordinaire de la communauté, il sera soumis à l'action de l'article 1098 ; les mêmes conséquences résul teraient à plus forte raison de la convention de préciput. Il faudrait en dire autant des avantages résultant d'une communauté légale et on ne pourrait pas prétendre qu'ils sont la conséquence de la loi et non pas de la volonté des époux ; car la communauté légale n'est autre chose que l'effet de la volonté tacite et présumée des parties. Toutes ces solutions se retrouvent dans l'ancien droit (Pothier n° 549 et s. s. *Traité du Contr. de mariage*).

Pothier supposant une communauté sans clause de réserve des propres, se demandait si les succession mobillières échues à la femme durant cette communauté étaient sujettes à la réduction de l'Édit des Secondes Noces ; et même il se prononçait pour la négative, fondant sa distinction sur le caractère incertain et aléatoire de ces bénéfices : la femme, dit-il n'a pas abandonné à son second mari un avantage déterminé puisqu'au moment du contrat on ne savait pas lequel des deux époux retirerait un gain de la convention. Et il cite, sur la foi de Bretonnier, un arrêt du 25 Juin 1703 conforme à son opinion (*Contr. de mar.* n° 552). Le Code nous semble avoir nettement répudié cette doctrine d'abord par les termes généraux dont il se sert dans l'article 1096 à propos de la confusion du mobilier et des dettes, ensuite par ceux de l'article 1527. Nous y voyons en effet que le Code s'attache seulement au résultat final, et non pas aux motifs qui l'ont amené, parce qu'il parle de toute convention qui tendrait dans ses effets à donner à l'un des époux au delà de la portion réglée par l'article 1098. (A. et Rau T 7 Page 275).

190. Le Code dans l'article 1527 pose une limitation à la règle qu'il a énoncée. « Les simples bénéfices résultant des tra- « vaux communs et des économies faites sur « les revenus respectifs quoique inégaux des « des deux époux ne sont pas considérés « comme un avantage fait au préjudice des « enfants du premier lit. »

Ainsi un époux qui apporte en mariage des biens considérables, sans les mettre en communauté, n'est pas réputé constituer un avantage même sur ses revenus à un

conjoint dont nous supposons la fortune
beaucoup moins importante. S'il faisait entrer ses biens dans la communauté, l'avantage serait calculé sur le capital seulement,
et non sur les revenus. Enfin, si l'industrie
de l'un des époux produit au profit de la
communauté, et sans la participation de
l'autre époux, un enrichissement apprécia-
ble, cet enrichissement ne sera pas considéré non plus comme un avantage soumis à
la réduction. On a pensé qu'il fallait mettre
en balance d'un côté les revenus et l'industrie, de l'autre, l'ordre et l'économie, l'évaluation respective de ces éléments de prospérité serait trop difficile à établir dans des
proportions équitables. (A. et Rau. T. 7,
Pag. 274, et 275).

Faut-il étendre cette exception au cas où
une convention particulière aurait changé
les conditions ordinaires du partage et attribué à l'un des époux une part plus forte
dans la répartition des bénéfices de communauté? Des auteurs, se fondant sur la généralité des termes de l'article 1527 ont voulu
pousser jusque là sa restriction; nous ne pensons pas que tel soit l'esprit de la loi. Elle
s'est arrêtée dans ses précautions en faveur
des enfants du premier lit, mais seulement

pour une hypothèse normale ; l'article 1527 suppose virtuellement que les époux partagent par moitié, il est vraisemblable que c'est uniquement en vue de cette situation que la loi a abandonné ses idées de protection, il serait très-grave d'aller plus loin; ce serait aussi contraire à la maxime. *Exceptio est strictissimæ interpretationis* (A. et Rau. T. 7, P. 275. C. de Cass. 13 juin 1855. *Affaire de Portes*).

Pour voir s'il y a en avantage au profit du nouvel époux, on ne s'occupe pas de l'intention qui a dicté la clause, il faut s'en tenir au résultat final; c'est ce que prouvent les expressions de l'article 1527. Ainsi un époux commun en biens apporte dans la communauté 10000 fr., l'autre n'y met que 5000 fr., mais dans le cours du mariage celui-ci complète sa contribution par une nouvelle somme de 5000 fr., les deux conjoints seront considérés comme ne s'étant fait aucun avantage.

191. Quelles personnes peuvent exercer l'action en retranchement? Il est évident qu'elle appartient d'abord aux enfants du premier mariage, puisque c'est leur intérêt qu'elle est particulièrement destinée à sauvegarder ; et même pour l'exercice de cette action il sera certainement indispensable qu'il existe des enfants du premier lit venant à la succession.

Mais seront-ils seuls appelés à profiter de la réduction, et auront-ils exclusivement l'exercice de l'action? Sur la première question le doute ne nous semble guère possible. Déjà dans l'ancien droit les auteurs admettaient que les biens soumis à l'action en retranchement devaient se partager entre les enfants des différents lits. (Pothier, Tr. du Contrat de mariage nᵒ 567, et Tr. des Donations entre vifs. Sect. III, Art. VII, § 3.) « Il n'est pas nouveau en droit, dit Pothier, « que ce qu'on n'a pas par la loi, on l'ob- « tienne quelquefois par le concours d'une « autre personne. » Nous devons à *fortiori* adopter cette théorie, aujourd'hui que le Code a consacré dans l'article 740 le principe de l'égalité entre les héritiers de même degré, et nous devons tenir un compte d'autant plus grand ici de cette tendance égalitaire de nos législateurs qu'ils l'ont appliquée dans notre matière en retirant de l'article 1098 une clause qui maintenait un certain avantage au profit des enfants du premier lit.

La difficulté devient plus grave sur la question de savoir si l'action en réduction

peut être exercée par les enfants communs.
Ce qui augmente le doute, ce sont les termes
de l'article 1499 : « Les enfants du premier
« lit de l'autre époux auront l'action en re-
« tranchement. » Ne peut-on pas tirer de là
un argument *a contrario*, corroboré par l'i-
dée qui a inspiré notre article ?

Cependant si l'on admet que les enfants
du premier lit profitent des biens revenus
dans la masse à partager par suite de l'action
en retranchement nous pensons que pour
être logique il faut accorder cette action à
tous ceux qui sont appelés à en bénéficier.
Il n'entre pas dans l'esprit de nos lois de donner à certaines personnes un intérêt sans
leur procurer en même temps les moyens de
sanction. Dans l'opinion adverse l'intérêt
des enfants communs serait à la discrétion
des enfants du premier lit ; on devine aisé-
ment la fréquence des collusions qui se pro-
duiraient entre ces derniers et le conjoint
survivant. L'argument *a contrario* déduit de
l'article 1496 ne mérite pas beaucoup de
créance, car l'attention du législateur n'a pas
été appelée sur le point en litige, ce n'était
pas *subjecta materia*; il ne s'occupait nullement, en rédigeant cet article, de l'organisation de l'action en réduction, il voulait

simplement reproduire le principe de l'Édit des Secondes Noces (Demol. *Don.* T. 6, n° 602. — A. et Rau. T. 7, Pages 284 et 285. — Contra Marcadé, art. 1098, n° V).

192. 2° *Donations déguisées ou à personnes interposées.* — Le légslateur, après avoir, dans la première partie de l'art. 1098, insisté de la manière que nous venons d'indiquer sur la protection à accorder aux réservataires contre les libéralités entre époux, continue en ces termes : « Toute donation, ou déguisée ou faite à personnes interposées sera nulle ». Cette addition n'est-elle qu'une redondance, consacrant une seconde fois la défense d'outrepasser, même indirectement, les limites de la quotité disponible, ou impose-t-elle, au contraire, pour la catégorie des donations qu'elle qualifie de déguisées ou faites à personnes interposées, une sanction plus sévère que pour les donations simplement indirectes ? Telle est la question qui divise encore aujourd'hui la doctrine et la jurisprudence.

Cette difficulté a donné lieu à quatre interprétations différentes ; cependant on peut dire que le point culminant de la controverse est la question de savoir si le Code a entendu distinguer les donations simplement indirectes et les donations déguisées. Le principe de la distinction une fois admis, on se subdivise pour en trouver le *criterium*.

Certains interprètes se refusent à admettre cette distinction, et par cela seul ne veulent voir dans la seconde partie de l'art. 1099, qu'un développement de l'idée contenue dans les termes de la première partie. Toute donation déguisée, disent-ils, est nécessairement une donation indirecte ; ces expressions sont synonimes, et on les emploie indifféremment. Ainsi, l'art. 853, qui a voulu englober dans sa règle toutes les donations, ne les comprend que directes ou indirectes ; l'art. 1099, ne peut donc faire allusion dans sa dernière partie qu'aux mêmes donations et il exprime la même décision sous deux formes différentes. On cherche à corroborer cette argumentation par l'interprétation communément adoptée de l'article 911 ; en effet cet article proclame également, dans ses termes, la nullité des donations faites au profit d'incapables, soit qu'on les déguise sous la forme de contrats à titre onéreux, soit qu'on les fasse à des personnes interposées, et cependant tout le monde reconnaît qu'il s'agit là, non pas d'une nullité absolue, mais d'une simple réduction à la quotité qu'il est permis de donner à ces incapables (Bugnet sur Pothier, *Des Don. entre mari et femme*, n⁰ˢ 78 et 81, Cour de Lyon, 18 nov. 1862. *Aff. Nesme).*

Nous ne saurions admettre ce raisonnement. D'abord est-il exact que, soit en principe, soit dans les textes de notre Code, il y ait identité entre l'expression de donations indirectes et celle de donations déguisées ou faites à personnes interposées ? En théorie, ne peut-on pas distinguer parmi les donations indirectes celles qui sont entachées de fraude ou de simulation ? Il est bien vrai qu'une donation déguisée sera nécessairement une donation indirecte, de même que, dans un autre ordre d'idées, un legs est une charge de succession ; mais ce n'est pas une raison pour prétendre réciproquement que toute donation indirecte est une donation déguisée, et toute charge de succession, un legs. La donation indirecte est le genre, et la donation déguisée, l'espèce comprise dans ce genre. La distinction que nous essayons d'établir est tellement fondée en raison qu'on peut dire qu'elle a existé de tout temps, puisque nous la rencontrons dans une loi d'Ulpien (L. 5, § 5, *De Don. Int. Vir et Uxor)* et que Pothier la reproduit en ces termes : « Les « avantages, qui étaient simulés, et qui n'é-

« taient faits que pour couvrir et déguiser
« une donation, que l'un des conjoints vou-
« lait faire à l'autre, étaient déclarés nuls ;
« les autres, qui n'étaient qu'indirects, étaient
« valables ; on réformait seulement l'avan-
« tage prohibé qu'ils renfermaient ». (*Des
donations entre mari et femme*, n° 78).

Cette distinction a-t-elle été conservée dans
le Code ? Nous en avons déjà un indice dans
les paroles prononcées par M. Jaubert, qui
pour expliquer l'art. 1100, dit : « Dans ce cas
la donation sera nulle par l'effet de la présomption légale, (Fenet, T. XII, page 622) ».
Mais il n'est du reste pas besoin de recourir
aux Travaux Préparatoires, quand on se
trouve en face d'un texte aussi clair que l'article 1099 du Code civil. Comment est-il possible de faire résulter une même règle de deux
propositions si dissemblables dans leurs termes ? D'un côté ce sont des expressions différentes pour désigner les actes dont il est
question dans l'un et l'autre paragraphe : et
d'un autre côté ce sont encore des expressions
différentes qui déterminent la sanction dans
les deux hypothèses ; où donc est l'identité ?

Cette aggravation de sévérité, loin d'être
le résultat d'une inexactitude dans les termes, est, suivant nous, la conséquence très-

rationnelle du danger que cette simulation fait courir aux réservataires ; car une donation simplement indirecte ne suppose pas la mauvaise foi ; au contraire si l'on déguise un avantage, c'est dans un but évident de fraude, c'est qu'on veut le soustraire à certaines règles ; cette raison a été très-nettement exprimée dans un considérant d'un arrêt de la Cour de Grenoble, du 29 novembre 1862. (Aff. Gaillard.)

Quant aux textes que les partisans du premier système nous opposent, ils s'expliquent très-bien aussi dans notre opinion. Pour l'article 843, nous ne dirons pas, comme quelques auteurs, que précisément il a par cette expression de directement ou indirectement laissé de côte, les donations déguisées ou faites à personnes interposées, leur réservant ensuite des dispositions spéciales (847, 849); nous croyons au contraire que le législateur dans l'article 843 a édicté une règle générale embrassant toute espèce de donations, sauf à énoncer par la suite les exceptions. Mais malgré cette interprétation, l'article 843 ne prouve pas davantage contre nous ; car le législateur, établissant une règle générale n'avait pas à entrer dans les subdivisions ; c'est pourquoi il a énoncé

les genres sans s'occuper des espèces ; il a
bien su ensuite les distinguer quand il l'a
jugé nécessaire comme dans les articles 847
et 849.

L'article 911, n'est pas plus probant :
quand il s'agit d'incapables, dit-on, la loi
déclare nulles les donations déguisées ou
faites à personnes interposées, et cependant
vous vous contentez de les réduire, que ne
faites-vous de même pour l'article 1099 ?
Nous répondrons que l'article 911 ne déclare nulle la donation qu'en tant qu'elle
s'adresse à un incapable, mais pour la
quotité permise, les personnes désignées
dans l'article 911 ne sont plus incapables,
dès-lors la nullité doit s'arrêter. Quand il
s'agit d'un époux, on ne peut raisonner de
la même façon, car son incapacité ne comporte pas de degrés analogues ; la nullité
est encourue absolument ; elle a pour but
de sauvegarder des règles, non-seulement de
disponibilité, mais encore de révocabilité ;
celles-ci n'admettent pas de plus ou de
moins.

Enfin, nous observons que dans le chapitre relatif à la réserve, toutes les fois que
le législateur a fait allusion à la réduction
(Art. 920-930 du Code civ.), il a employé

le terme propre et ne s'est pas servi du mot
de nulité. Nous croyons donc que les donations déguisées ou faites à personnes interposées se distinguent des donations simplement indirectes, et sont, par le seul fait de
leur déguisement, entachées de nullité.

Nous avons annoncé plusieurs systèmes
sur le *criterium* de distinction entre les
donations absolument nulles et celles qui
sont seulement sujettes à réduction. Il y a
en effet, deux opinions intermédiaires qui
n'osent pas annuler toutes donations déguisées. Dans l'une on s'attache à une idée de
bonne foi : pour que la donation déguisée
soit nulle, il faut qu'elle ait été faite dans une
intention de fraude, dont la preuve résultera des circonstances ; en l'absence de
fraude, elle sera simplement réductible
(C. de Caen, 30 avril 1853. — A. et Rau, t. 7,
pag. 276, et 277). dans une autre opinion on
annule la donation déguisée si en fait, au
moment du décès du conjoint, elle excède
la quotité disponible ; si elle rentre dans les
limites autorisées, elle est valable entièrement (Cass. 7 février 1849, *Aff.* de Ville-
d'Avray, — Trolong, *Don.* t. IV, n° 2744).

Ces deux distinctions dans l'application
de l'article 1099 sont arbitraires ; la première

en outre serait la source de nombreuses difficultés de fait, et la seconde serait injuste
en ce sens qu'elle attacherait la validité de
l'acte à un pur hasard. Suivant que la
fortune de disposant aurait augmenté ou diminué depuis le moment de la donation,
elle serait validée ou annulée, en dépit de
l'intention de fraude qui aurait inspiré la
simulation. Nous repoussons donc également ces deux opinions intermédiaires et
nous appliquerons purement et simplement
la loi telle qu'elle résulte de ses termes,
c'est-à-dire nous soumettons à la nullité
sans distinction toutes les donations déguisées ou faites à personne interposées. (Demol. *Don.* t. 6. n° 611 et suiv. — Boutry,
n° 457 et suiv.; — Colmet de Santerre, t. IV,
n° 279 *(bis)*; — Cour de Grenoble 29 novembre 1862 *Aff. Gaillard,* Cas. 11 mars
1862 *Aff. Azéma;* Cour de Caen 1er déc.
1870 *Aff. veuve Adeline).*

193. Ce n'était pas assez d'annuler les
donnations faites à personnes enterposées,
il était à craindre que la protection de la
loi ne fût rendue illusoire par la difficulté
de prouver la fraude. Aussi le législateur,
pour parer à ce nouveau danger, a établi

des présomptions d'interposition de personnes.

194. L'art. 1100, nous en présente deux catégories : Ce sont d'abord les enfants de l'autre époux, issus d'un précédent mariage. On s'accorde toutefois pour ne pas conclure de ces expressions qu'il soit nécessaire que l'enfant propre à l'époux survivant provienne d'un mariage pour être présumé personne interposée ; ainsi l'époux qui aura gratifié l'enfant adoptif ou naturel de son conjoint n'aura pas donné plus de force à sa libéralité que s'il l'avait adressée à l'enfant d'un précédent mariage ; les mêmes raisons se rencontrent dans toutes ces hypothèses pour appliquer la précaution législative. Ce qu'on a voulu indiquer dans la première partie de l'article 1100. c'est que les enfants communs ne sont pas atteints par la présomption. Cette distinction a sa justification dans les faits eux-mêmes : il est vraisemblable que les libéralités adressées aux enfants communs sont faites réellement en vue du titulaire, le lien qui unit ces enfants aux disposants est assez fort pour être considéré comme la cause de la donation ; au contraire les autres enfants que le conjoint prémourant n'aura ordinai-

rement connus que par suite de ses rapports
avec son époux ne peuvent être regardés
que comme les dépositaires des avantages
dont celui-ci doit principalement bénéficier.

195. La seconde catégorie des personnes
présumées interposées comprend les parents
dont l'autre époux est héritier présomptif
au jour de la donation encore que ce dernier
n'ait point survécu à son parent donataire.
La précaution a été dirigée contre ces personnes par le même motif qu'elle l'avait été
contre les enfants non communs; elles ne
sont regardées que comme des intermédiaires destinées à procurer au conjoint les
avantages qu'il serait incapable de recevoir
lui-même. Pour annuler la disposition, on
ne s'attache qu'à l'intention de faude, c'est
par ce motif qu'on ne tient compte que de
la qualité du donataire au moment où l'acte
s'est accompli : peu importe que dans la
suite cet héritier présomptif ait été écarté
de la succession, soit par son précédés, soit
par l'arrivée d'un héritier plus proche que
lui, ou par toute autre cause, Dès qu'à l'époque de la donation il se trouvait héritier
présomptif du conjoint de son donateur, la
libéralité est entachée de simulation; et

s umise à la nullité. Il est vrai que l'article 1100 ne vise po ir le maintien de la nullité que le cas de survie du donataire parent du conjoint, mais il est évident que l'article 1100 n'est pas limitatif; il cite une application de la règle plus générale que nous venons d'énoncer; toute distinction ne reposerait sur aucune bonne raison. (Demo!. *Don*. T. 6 Nº 621).

Réciproquement si la donation avait été faite à une personne dont le conjoint, par suite d'évènements ultérieurs, vint à se trouver héritier présomtif, elle pourrait recevoir son exécution, ou du moins la personne dont le conjoint est devenue héritier présomptif postérieurement à l'acte de donation ne serait pas présumée être personne interposée, mais il appartiendrait toujours aux réservataires de faire la preuve de la fraude.

Les présomptions de l'article 1100 ont pour conséquence l'annulation de certains actes; par conséquent, aux termes de l'article 1352, elle n'admettent pas la preuve contraire. C'est en vain qu'on voudrait démontrer, dans les cas prévus par l'article 1100, que la donation a bien été consentie en vue de la personne même à laquelle elle est adressée, les juges repousseraient *de plano* une telle prétention. Au contraire quand la donation est faite à un parent du conjoint non compris parmi les personnes désignées dans l'art. 1100, les réservataires, à défaut de présomption, seront toujours admis à prouver qu'il y a eu interposition de personnes, et que la donation doit tomber comme entachée de cette cause de nullité.

CODE CIVIL ITALIEN.

196. Nous ne terminerons pas cette étude sans dire quelques mots sur la législation du nouveau Code Italien qui, en matière de disposition entre époux, n'a entendu suivre ni les anciennes traditions du droit romain ni les règles contenues dans le Code Civil Français,

197. Nous savons que les rédacteurs de notre Code ont laissé aux époux la liberté de se faire des donations entre vifs sous la condition qu'elles fussent révocables au gré du donateur. Cette décision, empruntée au droit romain, nous a semblé un moyen très-ingé-

nieux et très-sage de concilier le droit qu'a
tout propriétaire de disposer de ses biens,
avec la protection que doit accorder la loi à
celui qui est exposé à se laisser dépouiller
sous l'influence de la passion. Cependant les
législateurs Italiens ont repoussé cette idée;
ils l'ont considérée comme une atteinte trop
grave à un principe qu'ils voulaient conserver intact; celui de l'irrévocabilité des donations entre-vifs, et ils ont prohibé absolument les donations entre époux. (Art. 1054
*Code Ital. — Huc, Études de législation com-
parée*, page 243).

La règle « Donner et Retenir ne vaut » a été
introduite pour assurer la conservation du
bien dans les familles, en engageant le donateur à réfléchir plus mûrement sur la portée d'un acte dont il lui serait impossible dans
la suite d'arrêter les effets. Cette règle, tout le
monde le reconnaît, ne serait pas un remède
efficace quand il s'agit d'époux; le donateur,
serait peu accessible à la voix de la raison,
et se soumettrait sans difficulté à un abandon irrévocable : la preuve en est dans l'u-
sage très-fréquent que font aujourd'hui les
futurs epoux, des donations par contrat de
mariage. Le législateur Italien a supprimé
cet inconvénient en prohibant les donations

entre époux, le législateur Français en les
rendant seulement révocables; nous pensons
que cette dernière solution est préférable.
Pourquoi en effet priver les époux d'une liberté qui leur est très-précieuse ? Le législateur garantirait aussi efficacement les intérêts de chacune des familles en cherchant à
atténuer les effets de cette liberté et à en
modérer l'usage par l'institution d'une réserve au profit des parents les plus proches.
La rigueur du Code Italien nous semble
d'autant plus exorbitante qu'on trouve à
d'autres égards ce même Code beaucoup
plus facile que le Code Français pour les
actes entre époux, Ainsi la vente leur est
permise sans restriction. Ne leur sera-t-il
pas possible d'éluder la prohibition en déguisant la libéralité sous l'apparence d'une
vente, et les conséquences ne seront-elles
pas alors beaucoup plus graves, puisque la
libéralité échappera ainsi à toutes les restrictions imposées par la loi aux actes gratuit.

On défend la solution du Code Italien en
disant : « Du moment que les époux peu-
« vent disposer au profit l'un de l'autre au
« moyen d'un testament, il est complète-
« ment inutile de fausser les règles de la

« donation en introduisant à leur égard des
« donations irrévocables. (Huc, *loc. cit.*)
Nous répondrons que le résultat ne sera pas
toujours le même, car, comme nous l'avons
vu dans le cours de ce travail, la nature de
la libéralité importe beaucoup quand on arrive à la réduction. En outre, si les mêmes
effets se produisent, à quoi bon priver les
époux d'une liberté qui leur donnera souvent une satisfaction plus vive. Nous ajouterons qu'il nous paraît préférable d'encourager les époux à pratiquer les donations
entre vifs plutôt que les legs ; car les formes
de la donation sont presque toujours entou-
rées de plus de garanties. Ainsi en France
elles doivent se faire en la présence réelle
d'un notaire et de deux témoins ; or il est incontestable que cette présence du notaire
est exigée afin de montrer aux parties toute
la gravité de l'acte qu'elles vont consentir,
et de les éclairer des conseils de cet officier
public. Rien de semblable dans les legs ; car
ils seront généralement consignés dans un
testament olographe.

198. Mais sur un autre point beaucoup
de jurisconsultes regrettent avec raison selon
nous, l'absence dans notre Code de certaines
dispositions qui ont été introduites dans le

Code civil Italien. Les législateurs de ce pays ont atténué l'effet de leur rigueur au sujet des donations entre-vifs par l'établissement de droit légaux au profit du conjoint survivant dans la succession du prédécédé (art. 753 755 *C. civ Ital.*). Un auteur Italien M. Buniva, a fait observer justement que la nécessité de pareil avantages était beaucoup plus urgente en Italie qu'en France, où, avec le régime de la communauté comme droit commun, le survivant est toujours assuré de jouir des bénéfices de cette communauté. (Huc *Op. Ut.* pages 194 et suiv.). Toutefois, comme ce régime n'est pas obligatoire, qu'il est même peu usité dans quelques contrées, et que même en y étant soumis la fortune appartient quelquefois tout-entière en propre à l'un des époux, beaucoup d'interprètes voudraient voir insérer dans notre Code ces dispositions du droit Italien, sinon dans tous leurs détails, au moins dans leur ensemble.

199. D'abord l'époux a droit en présence d'enfants légitimes à l'usufruit d'une part égale à chacun de ses enfants en comptant le conjoint lui-même au nombre de ces enfants, sans que cette part puisse dépasser le quart de l'heredité (art. 753 *C. civ. Ital.*).

Cette première disposition nous paraît

très-sage ; il est très-utile d'assurer à l'époux survivant, en présence même des parents les plus proches, les revenus d'une partie des biens du prédécédé. Qu'arrive-t-il en effet sous notre législation ? C'est que dans certains cas, la fortune est du côté du prédécédé qui, surpris par une mort prématurée, n'aura pas toujours le temps d'indiquer ses dernières volontés. L'époux survivant se verra, s'il n'a pas d'enfant, privé de tous secours, et, s'il en a, obligé de leur demander une pension alimentaire ; le Code Italien le sauve de cette situation pénible.

200. En présence d'ascendants ou d'enfants naturels, ou de frères ou sœurs ou descendants d'eux, le tiers de l'hérédité est dévolu en pleine propriété à l'époux survivant, elle lui est déférée pour les deux tiers, quand le défunt laisse d'autres parents successibles, et en entier quand il ne laisse pas de parents successibles jusqu'au sixième degré (art. 754 et 755, C. civ. It.).

Les législateurs du Code italien ont peut-être, dans ces derniers articles, dépassé l but qu'ils devaient se proposer. En conféré rant à l'époux survivant des droits sur la succession du prédécédé, on veut lui assurer des ressources ; pourquoi ne pas lui donner

la même part dans l'hérédité, mais en usu-
'fruit seulement? On sauvegarderait ainsi le
droit très-légitime de la famille sans léser le
conjoint. S'il est très-juste de permettre au
de cujus d'abandonner un de ses biens
même en propriété à un époux, ou à un
étranger, aux dépens de sa famille, il est au
moins très-grave de prévenir cette intention.

201. On s'est demandé s'il ne valait pas
mieux rétablir la *quarte du conjoint pauvre*
telle qu'elle existait à Rome et dans nos
pays de droit écrit ; cette idée a été repoussée
à juste titre ; car, comme on l'a dit, ce n'est
pas une aumône que doit recevoir l'époux
survivant, mais un droit qu'il lui appartient
d'exercer. Ce droit serait de nature à porter
les époux doués de sentiments délicats à se
priver d'un secours qu'ils n'obtiendraient
qu'au prix d'une humiliation, et à encourager les autres à des fraudes et des bassesses
peu convenables.

202. Notre conclusion est donc qu'on
pourrait emprunter à la législation italienne
quelques unes de ses dispositions, comme
celle qui assure, dans tous les cas, un droit
en usufruit à l'époux survivant, mais qu'il
faut se garder des exagérations où nous pen-

sons qu'elle s'est laissé entraîner en donnant à l'époux survivant la propriété d'une partie des biens de son conjoint même sans l'assentiment de ce dernier. De cette façon, et en maintenant la réserve des autres héritiers légitimes, telle qu'elle est établie dans le Code, on sanctionnera complétement l'obligation d'assistance contractée par les époux, sans que les familles de chacun d'eux aient de spoliation injuste à craindre.

POSITIONS.

DROIT ROMAIN.

I. — La formation du mariage à Rome ne dépendait exclusivement ni du consentement des époux, ni de leur cohabitation ; c'était une question de fait dont la solution variait suivant les circonstances.

II. — Si un des conjoints donnait à l'autre le bien d'autrui, la donation n'était valable et l'usucapion possible que si ce bien n'était pas susceptible d'être acquis personnellement par l'époux donateur.

III. — L'usucapion par la femme d'un bien appartenant au mari était impossible quand les deux époux connaissaient le véritable propriétaire ; elle était valable au contraire quand la femme seule devenait de mauvaise foi.

IV, — Lorsque le mari, sachant qu'il était

propriétaire d'un bien, l'avait néanmoins laissé usucaper par sa femme, il avait une *condictio* pour en recouvrer la valeur, jusqu'à concurrence de l'enrichissement de la femme.

V. — L'époux condamné à l'exil ne pouvait pas faire de donation à son conjoint.

VI. — La décision qui rétablit la liberté des donations entre époux sous condition de révocabilité, fut l'œuvre d'un sénatus-consulte unique.

VII. — L'innovation du sénatus-consulte s'appliqua non-seulement aux donations suivies de tradition, mais à toutes les donations, quelque fût leur mode d'exécution.

DROIT CIVIL FRANÇAIS.

I. — Les époux ne peuvent se donner en usufruit plus de la moitié de leurs biens, l'art. 917 du Code civ. ne leur est pas applicable.

II. — Les époux ne sont pas libres d'invoquer à leur choix la quotité disponible de l'art. 1094 du Code civ. ou celle de l'art. 913 du Code civ., ils doivent s'en tenir à celle qui leur est spéciale.

III. — L'époux qui a donné à son conjoint une part d'usufruit portant sur la réserve, peut dispenser ce conjoint de fournir caution.

IV. — Quand une personne ayant des enfants d'un précédent mariage a fait à son nouvel époux une donation irrévocable, dont le montant est égal à la quotité disponible de l'art. 1098 du Code civ. et qu'elle lègue l'excédant de la quotité disponible ordinaire à un étranger, les enfants auront l'action en retranchement pour faire réduire la part du conjoint dans une proportion égale à la diminution qu'ils supportent eux-mêmes.

V. — Quand un époux ayant des enfants d'un premier mariage s'est remarié plusieurs fois, il ne peut donner à tous ses nouveaux conjoints réunis qu'une part d'enfant le moins prenant, sans que ce quart puisse jamais excéder le quart de ses biens.

VI. — L'art. 917, Code civ. n'est pas ap-

plicable à la quotité disponible de l'art. 1098
du même Code, le disponible en usufruit de
l'époux remarié est égal à son disponible en
pleine propriété.

VII. — Si les libéralités faites au second
époux ont été atteintes par l'action en réduction, cet époux viendra lui-même en concours avec les enfants réservataires, sur les
biens soumis au retranchement.

VIII. — Dans le cas où le disponible de
l'art. 1094 (Code civ. est le plus fort, les donations en propriété faites à l'époux doivent
s'imputer sur la quotité disponible ordinaire
de l'art. 913. Si c'est au contraire en usufruit que le conjoint a été gratifié la nue-
propriété de la quotité disponible ordinaire
reste libre et peut être léguée à un étranger.

IX. — Quand il y a lieu de réduire deux
legs, ou deux donations simultanées suivant
des quotités disponibles d'un taux différent,
on commence par attribuer au bénéficiaire
le plus avantagé par la loi la portion dont il
est seul habile à bénéficier, on diminue d'autant sa part et pour le reste on le fait con-

courir avec son co-légataire ou donataire sur le disponible commun.

X. — Les dispositions de l'art. 1099 Code civ. concernent aussi bien les art. 1094 et 1096 que l'art. 1098 du même Code.

XI. — L'exercice de l'action en retranchement appartient même aux enfants communs.

XII. — L'art. 1099 Code civ. doit être interprêté en ce sens que les donations indirectes sont simplement réductibles, tandis que les donations déguisées ou faites à personnes interposées sont nulles.

HISTOIRE DU DROIT ET DROIT COUTUMIER.

I. — L'établissement de la monarchie Franque en Gaule provient de la conquête.

II. — La communauté tire son origine des anciennes sociétés de conquêts admises par les lois barbares.

III. — Pothier prétendait à bon droit. contre l'avis de Ricard, que la femme qui renonçait à la communauté pouvait recevoir l'usufruit de tous les biens abandonnés aux héritiers du mari.

IV. — Pothier et Ricard soutenaient avec raison contre Duplessis et Lemaître que la femme, dans la Coutume de Paris, n'avait pas le droit de révoquer le don mutuel pour defaut d'insinuation.

DROIT CRIMINEL.

I. — Le principe de non-rétroactivite ne s'applique à aucune des lois de procédure pénale.

II. — La simple tentative d'avortement n'est pas punissable.

DROIT INTERNATIONAL.

I. — Quand l'annexion d'un territoire porte sur un état tout entier, la nationalité du pays conquérant est imposée à tous les sujets du pays annexé sans distinction.

Quand au contraire l'annexion ne porte que sur une partie d'un état, le changement de nationalité ne devrait atteindre selon nous que les individus se rattachant au territoire annexé par le double lien de l'origine et du domicile.

II. — Les consuls ne jouissent pas des immunités diplomatiques.

Vu par le Président de la thèse,
GÉRARDIN.

Vu par le Doyen
COLMET-DAAGE.

VU ET PERMIS D'IMPRIMER,
Le vice-recteur de l'Académie de Paris.
A. MOURIER

TABLE DES MATIÈRES

ANCIEN DROIT.

DROIT FRANÇAIS MODERNE.

Paris. — Imprimerie F. PICHON. 51, rue des Feuillantines.